Elke Pohl

Berufsstart und Karriere auf See

Studium, Berufsausbildung, Weiterbildung, Quereinstieg

wbv.basic

Bibliografische Information Der Deutschen Bibliothek

Die Deutsche Bibliothek verzeichnet diese Publikation in der Deutschen Nationalbibliografie; detaillierte bibliografische Daten sind im Internet über <http://dnb.ddb.de> abrufbar.

Verlag:
W. Bertelsmann Verlag
GmbH & Co. KG
Postfach 10 06 33
33506 Bielefeld

Gesamtherstellung:
W. Bertelsmann Verlag, Bielefeld

Manuskript:
Elke Pohl

Lektorat:
Thomas Bäuml

Gestaltung:
lok.design division,
Marion Schnepf, Bielefeld

ISBN 3-7639-3314-X
Bestell-Nr. 60.01.610

Inhalt

Vorwort

In einer Zeit hoher Arbeitslosigkeit und großen Mangels an Ausbildungsplätzen boomt weitgehend unbemerkt von der Öffentlichkeit in Deutschland ein nicht unbedeutender Wirtschaftssektor: die gesamte maritime Wirtschaft.

Deutsche Reedereien haben sich weltweit mit großem Abstand zu den führenden Anbietern von Containerschiffstonnage entwickelt, lassen in sehr großer Zahl weitere größte und modernste Schiffe bauen – und können diese aus Personalmangel kaum noch besetzen. Der Mangel an Bewerbern ist dabei einerseits zwar „hausgemacht", da viele Jahre das Thema „Ausbildung" bei nur wenigen Reedereien beachtet, bei den meisten allerdings als unnötiger Kostenfaktor behandelt wurde. Andererseits sind die Berufswege und Karrierechancen in der Schifffahrt und den damit verbundenen Branchen im Binnenland so gut wie unbekannt, so dass von dort kaum Nachwuchs kommt. Welcher Schulabgänger und Berater der Arbeitsagenturen weiß zum Beispiel, dass sich Jugendliche mit einer Ausbildung in einem Metall verarbeitenden Beruf zum Schiffstechniker oder -ingenieur weiterbilden können und damit kurz- und langfristig hervorragende Karrierechancen auf See und an Land haben? Wer weiß, dass dies für junge Frauen und Männer in gleichem Maße gilt?

Diese Lücke zwischen der Nachfrage nach Auszubildenden, Praktikanten und ausgebildeten Seeleuten muss im Interesse der Reedereien, vor allem aber der Jugendlichen geschlossen werden, die einen Ausbildungs- oder Arbeitsplatz suchen. Dass sich die Autorin mit dem vorliegenden Buch genau dieses Ziel setzt, ist begrüßenswert – aber mehr noch: Es macht das Buch zu einer notwendigen Lektüre für Arbeit suchende Jugendliche und alle, die mit der Beratung von Jugendlichen auf dem Weg in die Berufswelt zu tun haben.

Natürlich hat die moderne Seefahrt wie die gesamte maritime Wirtschaft nichts mehr mit der Seefahrtsromantik vergangener Zeiten zu tun (wenn es diese Romantik denn je gegeben hat). Natürlich konkurriert in diesem Wirtschaftszweig jedes Besatzungsmitglied und jeder Mitarbeiter an Land mit Kollegen und Kolleginnen auf einem globalen Arbeitsmarkt. Und natürlich ist mehr als in anderen Bereichen die Bereitschaft zur Arbeit in internationalen Teams gefragt. Wer sich aber mit den Berufen der maritimen Wirtschaft auf See und an Land näher befasst, wird ein gleichermaßen technisch und wirtschaftlich orientiertes Tätigkeitsfeld vorfinden, wie es im Hinblick auf Vielseitigkeit und Karrierechancen sonst kaum zu finden ist.

Elsfleth, Februar 2005
Prof. Kapt. Christoph Wand

Christoph Wand (Jahrgang 1960) ist Diplom-Nautiker, Diplom-Mathematiker und Diplom-Theologe. Er fuhr nach dem Abitur zunächst als Nautischer Offiziersbewerber und Nautischer Offiziersassistent zur See und erwarb anschließend das Kapitänspatent. Während der folgenden Seefahrtzeit auf Schwergutschiffen, Mehrzweckfrachtern und Großseglern als Nautischer Offizier und Kapitän studierte er nebenberuflich an den Universitäten Bremen, Hagen und Münster. Seit 1997 unterrichtet er als Professor für Technische Schiffsführung am Fachbereich Seefahrt in Elsfleth. Die vorlesungsfreie Zeit nutzt er weiterhin zu Vertretungsreisen als Kapitän.

1. Die Hanse – Sinnbild für maritime Tradition

Dass die Deutschen ein altes Seefahrervolk sind, kann man in Geschichtsbüchern nachlesen und im Museum bestaunen. Ein Relikt aus der Vergangenheit, das uns bis heute begleitet, ist die Hanse. Küstenstädte tragen bis heute mit Stolz den Beinamen Hansestadt. Was genau hat es mit diesem Begriff auf sich?

Die deutsche Hanse gibt es schon seit dem 12. Jahrhundert. Die Erste bekannte Einrichtung dieser Art ist nicht etwa in Norddeutschland angesiedelt, sondern geht von Köln aus. Bereits seit 1130 sind die Kölner Englandfahrer und Händler aus anderen niederrheinischen Städten in England mit einer eigenen Gilde vertreten. Denn ursprünglich und über viele Jahre sind die Hansen keine Städtebündnisse, sondern Handelskontore deutscher Kaufleute und Handelsniederlassungen, die im Ausland tätig sind, aber noch mit der Heimat in Verbindung stehen. Der Begriff Hanse umschreibt also im Mittelalter „Gemeinschaften von Kaufleuten im Ausland zu gemeinsamer Vertretung von Handelsbelangen und zu gegenseitigem Schutz". Auch die Privilegien, die den Hansebrüdern in fernen Ländern verliehen wurden, sowie die von ihnen geleisteten Abgaben werden mit dem Begriff erfasst.

Der Ausdruck „Hanse" wird stets in Angelegenheiten des auswärtigen Handels gebraucht. Aus diesen Vereinigungen von Kaufleuten entstehen dann ebenso benannte Städtebündnisse, von denen aber nur die seit 1343 so benannte Deutsche Hanse („Hansa Theutonicorum", „dudesche hense") Bedeutung erlangt. Die Hansen im ursprünglichen Sinne wandeln sich im Allgemeinen im Laufe des Mittelalters zu Zünften. Nur in Regensburg hält sich die Hanse bis zu Beginn des 19. Jahrhunderts. Ihr Vorstand, der Hans(e)graf, ist Vorsitzender des Hansgerichts, das für Handels-, Gewerbe- und Polizeisachen zuständig ist. Die Hansherren, die ihm ursprünglich im Hanserat beratend zur Seite stehen, werden als Hansgerichtspersonen Beisitzer dieses Gerichts. Auch in Bremen bleibt der Hansegraf Vorsitzender eines Hansgerichts für Grenzstreitigkeiten.

Vorläufer der Städtehanse, wie wir sie heute kennen, sind bilaterale Verträge zwischen einzelnen Städten, zum Beispiel 1149 der zwischen Köln und Trier. Die verbündeten Städte versprechen sich gegenseitig Schutz und Hilfe. Im Zuge der deutschen Ostsiedlung verlagert sich das Gewicht der Hanse zunehmend in den Ostseeraum. Schon in der zweiten Hälfte des 12. Jahrhunderts werden Niederlassungen in Nowgorod und Smolensk gebildet. Unter der Leitung Lübecks formiert sich ein Bündnis der westfälischen, sächsischen, wendischen, pommerschen und preußischen Städte (Hansequartiere), die aber erst seit 1356 auch förmlich existiert, als der erste Hansetag einberufen wird. In der Folgezeit wird die Hanse immer wieder in Kämpfe mit den skandinavischen Herrschern verwickelt. Im Frieden von Stralsund (1370) musste Dänemark die hansischen Handelsvorrechte garantieren und auf 15 Jahre 2/3 seiner Einnahmen aus den Sundschlössern ausliefern.

Der Versuch durch den dänischen Unionskönig Erich VII., englische und niederländische Kaufleute zu begünstigen, wird durch eine hansische Wirtschaftsblockade zum Scheitern gebracht (1435 Frieden von Vordingborg). Den dänischen Sundzoll vermag die Hanse jedoch nicht mehr zu beseitigen.

Mit der Schließung des hansischen Kontors in Nowgorod (1494) setzt der Niedergang der Hanse ein. 1598 wird das Londoner Kontor geschlossen. Nach dem Dreißigjährigen Krieg wird die hansische Tradition von Lübeck, Hamburg und Bremen fortgeführt. Der allerletzte Hansetag findet 1669 statt.

Zum Kern der Hanse zählen 70 vorwiegend deutsche Städte, weitere 130 Städte gehören in einem lockeren Rahmen dazu. Leitendes Organ sind die Hansetage als Hauptversammlungen der Mitglieder. Unterste Stufe der hansischen Organisation ist in der Regel der Rat der jeweiligen Hansestadt.

Der hansische Handel ist überwiegend Seehandel. Die wichtigste Handelsroute verläuft entlang der Linie Nowgorod – Reval – Lübeck – Hamburg – London. Handelsgüter sind vor allem
- Pelze und Wachs aus Russland und Osteuropa,
- Getreide aus Ostdeutschland und Polen,
- Fisch aus Skandinavien,
- Salz aus Lüneburg und Frankreich sowie
- Wein aus dem Rheinland und Frankreich.

Heute ist die Hanse ein aktives Netzwerk zwischen Städten, die in der Geschichte zum Bund der Kaufmannsstädte, also der historischen Hanse, gehörten bzw. mit diesen Städten im regen Handelsaustausch standen. Gegründet wurde dieser Städtebund im Jahre 1980 in der niederländischen Stadt Zwolle und ist seither die weltweit größte freiwillige Städtegemeinschaft. Mitgliedsstädte gibt es in Belgien, Finnland, Norwegen, Schweden, Estland, Lettland, Niederlande, Polen, Russland, Weißrussland und Deutschland. Sie hat sich die Aufgabe gestellt, auf der Grundlage des grenzüberschreitenden Hansegedankens und der geschichtlichen Erfahrungen, die Gedanken und den Geist der europäischen Stadt wieder zu beleben, das Selbstbewusstsein der Hansestädte zu fördern und ihre Zusammenarbeit zu entwickeln. Ziel ist es letztlich, einen Beitrag zur wirtschaftlichen, kulturellen, sozialen und staatlichen Einigung Europas zu leisten. Vorhaben sind

- Aktionen im Bereich der Öffentlichkeitsarbeit, um die Gemeinsamkeiten der Hansestädte herauszustellen,
- Kultur- und Traditionsaustausch,
- Wissens-, Sozial- und Informationstransfers,
- Stärkung der Wirtschafts- und Handelskontakte sowie
- Einbeziehung der Jugend (Youth Hansa) in die Entwicklung der Hanse.

Inzwischen findet bereits der 15. Handelstag der Neuzeit statt, vom 30. Juni bis 3. Juli 2005 im estnischen Tartu. Geplant ist ein vielfältiges Programm – von Fachseminaren bis hin zu Feierlichkeiten und Kultur.

⤴ Info: www.hanse.org

2. Die Maritime Wirtschaft Deutschlands

Die Ozeane sind das größte Ökosystem der Erde. Sie bedecken nicht nur 70 Prozent der Erdoberfläche, sondern produzieren auch 70 Prozent des Sauerstoffs und haben insgesamt einen enormen Einfluss auf unser Klima. Etwa 60 Prozent der Weltbevölkerung lebt entlang eines Küstenstreifens von 40 Meilen Breite und für über eine Milliarde Menschen ist Meeresfisch die grundlegende Nahrungsquelle (Quelle: WWF). Und: Meere und Flüsse bilden die wichtigste Grundlage des Welthandels. Trotz der Entwicklung von Eisenbahn-, Flug- und Lastverkehr werden rund 95 Prozent des Warenaustauschs zwischen den Kontinenten und zwei Drittel des Handels zwischen den europäischen Ländern per Schiff abgewickelt. Für ein hoch industrialisiertes, aber rohstoffarmes Land wie Deutschland sind diese Wasserstraßen entscheidende Lebensadern, und so verwundert es nicht, dass 60 Prozent der deutschen Importe und 40 Prozent der Exporte schwimmend ihr Ziel erreichen. Als führende Handelsnation – nach den USA, China und Japan belegt Deutschland Rang 4 – kann daher die Bedeutung des Schiffsverkehrs in allen seinen Facetten gar nicht hoch genug eingeschätzt werden.

Die Maritime Wirtschaft, wie der Überbegriff für alle mit Meer und Flüssen zusammenhängenden Wirtschaftszweige lautet, stellt einen erheblichen Faktor der weltweit eingebundenen deutschen Wirtschaft als Ganzes dar. In ihren einzelnen Bereiche wie
- Schiffbau und Zulieferindustrie,
- Meerestechnik,
- Schifffahrt und Hafenwirtschaft,
- Binnenschifffahrt,
- Fischereiwesen und
- maritime Forschung
sind deutschlandweit mehr als 220.000 Menschen beschäftigt.

2.1 Seeschifffahrt und Handelsflotte

Der Welthandel wächst, die außenwirtschaftlichen Beziehungen Deutschlands nehmen zu und die Globalisierung in allen Wirtschaftsbereichen hält an: beste Voraussetzungen für eine kräftige Nachfrage nach Schifffahrts-Dienstleistungen. Wobei in den letzten Jahren der Handel mit Ländern des pazifischen Raums mehr und mehr an Bedeutung gewann – allen voran mit China, dessen Wirtschaft überproportional wächst. Davon profitiert die deutsche Handelsflotte nicht nur deshalb, weil sie am Seehandel Deutschlands mit anderen Staaten beteiligt ist, sondern auch, weil sie sich am so genannten Cross-Trade zwischen Drittstaaten beteiligt, beispielsweise zwischen Australien und Amerika. Dieser Bereich macht sogar drei Viertel der Schiffstonnage aus, so dass er eine größere Bedeutung als der Gütertransport von und nach Deutschland hat.

Schiffseigner in Deutschland

Für Betrieb, Erhaltung und Vercharterung (Vermietung) von Schiffen sind Reeder und Reedereiunternehmen zuständig. In Deutschland bereedern
- *390 Reedereien Fracht- und Fahrgastschiffe, Fischereifahrzeuge, Schlepper und andere Schiffstypen,*
- *300 Fracht- und Fahrgastschiffe,*
- *45 kleine Fahrgastschiffe und Fähren sowie*
- *40 Schlepper und Bagger.*

Quelle: Jahresbericht 2004 „Fakten und Zahlen zur maritimen Abhängigkeit der Bundesrepublik Deutschland"

Diese Unternehmen hatten 2004 insgesamt 2.448 Handelsschiffe über 100 BRZ (Bruttoraumzahl; gibt den Rauminhalt von Schiffen an) mit einer Gesamttonnage von über 36 Millionen BRZ in ihrem Bestand. Davon fahren
- nur 463 Schiffe mit 5,6 Millionen BRZ unter deutscher Flagge (davon 321 große Schiffe über 1.000 BRZ),
- 1.529 Schiffe mit 21,2 Millionen BRZ befristet unter ausländischer Flagge und
- 456 Schiffe mit 9,2 Millionen BRZ ganz unter ausländischer Flagge in ausländischen Registern.

Damit fahren 81 Prozent aller von deutschen Reedern kontrollierten Schiffe unter fremder Flagge, 1998 waren es nur 65 Prozent.

Unter fremder Flagge?

Vorwiegend aus steuerlichen Gründen lassen deutsche Reeder viele ihrer Schiffe unter fremder Flagge fahren („flaggen aus"). Sie haben insgesamt drei Möglichkeiten:
1. *Schiff fährt unter deutscher Flagge und ist im deutschen Schifffahrtsregister eingetragen.*
2. *Schiff fährt unter ausländischer Flagge und ist im deutschen Schifffahrtsregister eingetragen; allerdings mit der Genehmigung, befristet für*

Bevorzugt lassen deutsche Reeder – wenn sie ausflaggen – ihre Schiffe unter den Flaggen des Karibikstaates Antigua & Barbuda, von Liberia und Zypern fahren.

Um den Reedereistandort Deutschland attraktiv zu halten und um Arbeitsplätze für deutsche Seeleute zu erhalten bzw. zu schaffen – auf deutschen Schiffen muss zumindest die Schiffsleitung aus deutschen Offizieren bestehen – wird versucht, der Tendenz zur weiteren Ausflaggung entgegenzuwirken. Dies geschieht in erster Linie dadurch, dass Reeder per Gesetz für die kommenden zwei Jahre 80 Prozent der von den Seeleuten zu entrichtenden Lohnsteuern einbehalten dürfen. Dafür verpflichten sie sich, bis Anfang 2006 wieder 200 Schiffe mehr unter deutsche Flagge zu bringen. Mehr zur Schifffahrtsförderung der Bundesregierung in Kapitel 3.

Schiffstypen

Besonders stark sind deutsche Reeder im Bereich der Containerschiffe. Mit 903 Schiffen dieses Typs besitzen sie fast ein Drittel (29,7 Prozent) der weltweiten Kapazitäten. Gut die Hälfte der Tonnage wird damit transportiert, bei Schiffen unter deutscher Flagge sogar 90 Prozent. Der Rest verteilt sich auf Fahrgastschiffe, Tanker und andere Schiffstypen.

Was sind ...
- **... Bulker?** *Das sind Massengutfrachter, die vor allem für den Transport von Schüttgut wie Erz, Kohle und Getreide eingesetzt werden. Ein Drittel der Welthandelsflotte besteht aus Bulkern, die es in verschiedenen Größen gibt:*
  - *Handysize (10.000 bis 40.000 tdw; tdw = tons dead-weight, die maximale Tragfähigkeit eines Schiffes in metrischen Tonnen zu 1.000 kg; ein Maß für die maximale Beladung des Schiffes mit Ladung, Brennstoff, Ballast, Ausrüstung, Proviant und Passagieren),*
  - *Handymax (40.000 bis 60.000 tdw),*
  - *Panamax (60.000 bis 80.000 tdw),*
  - *Capesize (80.000 bis 200.000 tdw),*
  - *Very Large Ore Carrier, VLOC (mehr als 200.000 tdw).*

- ... *Car Carrier?* Hierbei handelt es sich um Schiffe, die speziell für den Überseetransport von Autos gebaut werden; man erkennt sie an den hochgezogenen Bordwänden, die die empfindliche Fracht vor Beschädigung und Korrosion schützen.
- ... **Containerschiffe?** Dies sind ausschließlich für den Transport von Containern konstruierte Schiffe. Das erste deutsche Containerschiff, die MS „Adda", trug 50 Boxen, inzwischen gibt es deutsche Containerschiffe, die 7.200 TEU tragen (TEU = twenty-feet-equivalent-unit; das Maß für die Stellkapazität eines Schiffes, die Standardbox ist 6,10 m lang, Breite und Höhe betragen 2,44 Meter); diese Schiffe sind 320 Meter lang und 42,80 Meter breit; der Markt für Containerschiffe wächst, da die Verschiffung per Container extrem kurze Verladezeiten und ein hohes Maß an Sicherheit für die Ware garantiert.
- ... **Multipurpose-Schiffe?** Dieser Schiffstyp ist ein Alleskönner, der alle Arten von nicht-flüssiger Ladung aufnehmen kann; vor allem schwere und sperrige Einzelstücke, wie sie häufig auf Großbaustellen benötigt werden, werden gern mit diesem Schiffstyp transportiert; dafür sind sie häufig mit leistungsfähigen Kränen bestückt.
- ... **Tanker?** Tankschiffe bilden mit über 7.000 Fahrzeugen die größte Handelsflotte der Welt. Es sind Massengutschiffe für flüssige Ladung, allem voran für Erdöl. Nachrichten über spektakuläre Tankerunglücke beunruhigen immer wieder die Weltöffentlichkeit. Der Grund: Fast ein Drittel der Flotte ist über 20 Jahre alt und verfügt über keine Doppelhüllen, nur 47 Prozent aller Rohöltanker haben eine solche Doppelhülle, die das Auslaufen des Öls bei Havarien verhindert bzw. vermindert. Folgende Größen werden unterschieden, je nachdem, welche Wasserwege damit noch befahren werden können:
  - Panamax (60.000 bis 80.000 tdw),
  - Aframax (80.000 bis 120.000 tdw),
  - Suezmax (120.000 bis 200.000 tdw),
  - Very Large Crude Carrier, VLCC (200.000 bis 320.000 tdw),
  - Ultra Large Crude Carrier, ULCC (mehr als 320.000 tdw).

Seeleute

In den letzten Jahren hat die Zahl deutscher Seeleute ständig abgenommen. Steigende Personalkosten, die zunehmende Technisierung und Automatisierung des Schiffsbetriebs und der Logistik und die Verdrängung traditioneller Reedereibetriebe durch ausschließlich renditeorientierte Schiffsbetreibergesellschaften sind wohl die Hauptgründe. Ende 2003 fuhren nur noch 5.837 deutsche Seeleute unter deutscher Flagge (ohne Fischerei und Fahrzeuge von Behörden). Vor allem die Mannschaften bestehen vorwiegend aus Ausländern, während – wie eben schon erwähnt – der Kapitäns- und weitere Offiziersposten von Deutschen besetzt werden müssen. Unter fremder Flagge fuhren noch einmal 2.500 bis 3.000 deutsche Seeleute, vor allem auf deutschen Handelsschiffen unter fremder Flagge. Für studierte Nautiker und Schiffsingenieure sind die beruflichen Chancen aus mehreren Gründen außerordentlich gut, wie wir in Kapitel 4 noch sehen werden.

Lebenslauf eines Schiffes

Nach sorgfältiger Analyse der Marktchancen eines Schiffes erteilt der Reeder den Auftrag zum Bau eines Schiffes. Aufgrund der unschlagbar günstigen Baukosten werden viele Schiffe in Korea und China gebaut. Die Finanzierung wird durch ein Schiffshypothekendarlehen sichergestellt. Nach einer Bauzeit von etwa acht bis zehn Monaten findet die Bauabnahme statt. Nun ist es Zeit für den Stapellauf.

Danach beginnt die Betriebsphase eines Schiffes und ein Charter (Mieter) übernimmt idealerweise gleich nach der Fertigstellung das Schiff in seinen Dienst. Während der Betriebsphase sorgt der Reeder für die Erhaltung seines Schiffes. Er bzw. das Unternehmen kontrolliert und führt Buch über den regelmäßigen Eingang der Charterrate. Außerdem sorgt es für eine Anschlusscharter, wenn ein Vertrag ausläuft. Auch das Crewing, also die Suche und die Einstellung der Schiffsbesatzung, und Beschaffung von Treibstoff und Proviant für die Fahrten gehören zu der Aufgabe des Reeders.

Wie lange ein Schiff seinen Dienst tut ist von Typ zu Typ unterschiedlich, im allgemeinen aber nicht länger als 25 bis 30 Jahre. Danach wird es verschrottet. Hierzu verkauft der Reeder das Schiff an ein Verschrottungsunternehmen. Die Länder mit der größten Abwrack-Industrie sind Indien, Indonesien und China. Abgewrackt (verschrottet) wird entweder am Strand oder auf einer Werft. In Indien und Bangladesh wird zum Beispiel am Strand abgewrackt. Dafür muss der Kapitän das Schiff am Ende seiner letzten Reise bei Flut mit voller Maschinenkraft auf den Strand fahren (auf Sand setzen). Durch den dort herrschenden Unterschied im Wasserstand zwischen Ebbe und Flut von bis zu 10 Metern können die Abwracker das Schiff dann ohne Dock in seine Bestandteile zerlegen.

Quelle: www.atlantic-fonds.de

Die Kreuzfahrtbranche

Kreuzschifffahrt und Kreuzschiffbau haben in den vergangenen Jahren in schwierigen Gewässern manövrieren müssen, die meisten Unternehmen blicken jedoch wieder optimistisch in die Zukunft. Trotz schwieriger Bedingungen ist die Zahl der Kreuzfahrtpassagiere im vergangenen Jahr von weltweit rund 12 Millionen auf 13 Millionen gestiegen. Auch wenn davon weniger als 25 Prozent aus Europa kommen, gilt der „alte Kontinent" unter Insidern als der wachstumsstärkste Markt, der noch enormes Potenzial birgt. Mehr als 2,5 Millionen Passagiere haben 2004 die zehn größten Kreuzfahrthäfen in Nordeuropa besucht. Wie groß die Reserven sind, zeigt allein das beispiellose Interesse, das der Besuch der „Queen Mary 2" im Sommer 2004 in Hamburg auslöste: Mehr als 600.000 Menschen begrüßten den Luxusliner überschwänglich entlang der Elbe, und am Kreuzfahrtterminal Hamburg Cruise Center wurde ein wahres Volksfest zelebriert. Eine derartige Aufmerksamkeit unterstreicht die Prognosen von Branchenexperten, die 2005 mit Wachstumsraten um 10 Prozent rechnen. Allein in deutschen Häfen wird 2005 mit über 500 Schiffsanläufen gerechnet, deutlich mehr als 2004.

Auch die Schiffbaubranche schaut wieder zuversichtlich in die Zukunft. Vor allem europäische Werften in Italien, Finnland, Frankreich und Deutschland zählen zu den ersten Adressen für die großen Kreuzfahrtreedereien. Allerdings machen der starke Euro, der die Baupreise im US-Dollar-dominierten Geschäft um bis zu 30 Prozent verteuert, und die hohen Stahl- und Energiepreise den europäischen Werften schwer zu schaffen.

Äußerst positiv entwickelt sich die europäische Flusskreuzschifffahrt, die derzeit von starken Neubauaktivitäten geprägt ist. Besonders gut entwickeln sich die Kreuzfahrten auf dem rumänischen Teil der Donau. Nach der Wiedereröffnung der Donaukreuzfahrten bis zum Donaudelta konnten 2002 64 Anläufe im Schwarzmeerhafen Konstanza verzeichnet werden. 2004 waren es 544, und für 2005 gab es im März 2005 bereits 720 Anmeldungen.

2.2 Schiffbau und Meerestechnik

Eng verbunden mit der Schifffahrt sind Schiffbau und Meerestechnik. In der Schiffbauindustrie mit ihren Werften und Zulieferbetrieben sowie in der Meerestechnik sind in Deutschland mehr als 1.000 Unternehmen tätig, wie ein aktuelles Positionspapier von drei beteiligten Wirtschaftsverbänden – Verband deutscher Maschinen- und Anlagenbauer (VDMA) Hamburg, Gesellschaft für maritime Technik (GMT) Hamburg und Verband für Schiffbau und Meerestechnik (VSM), ebenfalls

Hamburg – feststellt. 100.000 Menschen – 70.000 davon allein in der Zulieferindustrie – erwirtschaften einen Umsatz von mehr als 15 Milliarden Euro jährlich.

Schiffbau

Weltweit kann von einem Boom des Schiffbaus gesprochen werden. 2003 wurden weltweit fast 2.050 Schiffe geordert, was weit über dem langjährigen Jahresdurchschnitt von 1.500 liegt. Ein Ende dieser positiven Entwicklung ist nicht abzusehen. Allerdings ist die Konkurrenz vor allem aus Südostasien – allen voran Südkorea – beträchtlich. Insbesondere Standardschiffe werden nirgends so kostengünstig gebaut wie dort. Hier kann Europa nicht mithalten. So ordern deutsche Reeder weiterhin Standardschiffe, vor allem Containerschiffe, in Korea und China. Dagegen werden Spezialschiffe und hochwertige Passagierschiffe mit hohem Sicherheitsstandard in Deutschland und anderen Ländern Europas geordert.

Die deutsche Werftindustrie hält international einen absoluten Spitzenplatz: In Europa ist sie die Nummer 1, weltweit nach Südkorea, Japan und China die Nummer 4. Unterstützt von der Politik, die mit Schiffbauhilfen die koreanischen Dumpingpreise eindämmen will, konnten neue Aufträge hereingeholt und die Auslastung deutscher Werften verbessert werden. Es wurde ein Umsatz von 4,3 Milliarden Euro erwirtschaftet (2003), davon rund 60 Prozent mit dem Bau von Handelsschiffen, 20 Prozent mit Marineschiffen (für militärische Zwecke) und rund 15 Prozent mit Umbauten und Reparaturen. Einziger Wermutstropfen innerhalb dieser erfreulichen Entwicklung: Sie hat sich noch nicht auf die Beschäftigung ausgewirkt. Die Werften reduzieren weiterhin die Belegschaften. 2004 waren nur noch 23.100 Mitarbeiter beschäftigt (2003: 23.800, 1990: 62.600).

Schiffbauländer der Welt

Rang	Land	Marktanteil in %
1	Südkorea	31,4
2	Japan	30,2
3	China	11,4
4	Deutschland	3,8
5	Taiwan	2,9

Quelle: Jahresbericht 2003, Verband für Schiffbau und Meerestechnik

Insgesamt 62 Seeschiffe lieferten deutsche Werften 2003 ab: 24 ins Inland, 38 ins Ausland. Im Binnen-Schiffbau ist die Relation eine andere: Hier wurden 45 fürs Inland gebaut und nur drei fürs Ausland. Zum Vergleich: Weltweit wurden 2003 1.540 Seeschiffe gebaut, darunter:

- 325 Gas-, Chemikalien- und Gefahrguttanker,
- 174 Containerschiffe,
- 165 Massengutschiffe (Bulks),
- 155 Frachtschiffe,
- 146 Rohöltanker,
- 126 Fischereifahrzeuge,
- 90 Fähren und Passagierschiffe,
- 359 sonstige Schiffe.

Schiffbau ist ein technologieorientierter Wirtschaftsbereich. Denn: Moderne Schiffe sind High-Tech-Systeme, die in ihrer Komplexität und ihren Anforderungen durchaus mit modernen Flugzeugen vergleichbar sind. Containerschiffe müssen ihre weltweiten Fahrpläne so exakt einhalten, wie es bislang nur von Verkehrssystemen an Land bekannt war. Daraus resultieren außerordentlich hohe Anforderungen an Zuverlässigkeit, Sicherheit, Umweltstandards und Wirtschaftlichkeit. Dies lässt sich nur durch entsprechende Produkte, Komponenten und Systeme aus dem Zulieferbereich erreichen, die heute an Schiffen einen Wertschöpfungsanteil von 70 bis 80 Prozent haben. Die deutsche Zulieferindustrie für den Schiffbau ist zum wiederholten Male Exportweltmeister geworden und verbuchte 2003 erstmals mehr Aufträge aus dem asiatischen Raum als aus dem europäischen Ausland.

Schiffbau-Zulieferindustrie

Nach Japan ist die deutsche Schiffbau-Zulieferindustrie die zweitgrößte der Welt. Einschließlich der Zuarbeiten für den Offshore-Bereich und diverser Dienstleistungen sind bundesweit geschätzte 400 Unternehmen mit rund 70.000 Mitarbeitern darin beschäftigt. Sie erwirtschaften einen Jahresumsatz von 8 Milliarden Euro, davon knapp 80 Prozent für den Handelsschiffbau, 20 Prozent für den Marineschiffbau und rund ein Prozent für die Meerestechnik.

Was ist Offshore-Technik?
Offshore (englisch = der Küste vorgelagert) bezeichnet alle Maßnahmen zum Auffinden und Abbau von Erdöl und Erdgas vom Meeresboden sowie zur Gewinnung von Windenergie in Küstennähe.

Die Zulieferindustrie ist technologisch und wirtschaftlich untrennbar mit der Werftindustrie verbunden. In ihrer Entwicklung folgt sie der Konjunktur des Schiffbaus, allerdings nicht unbedingt der Binnenkonjunktur, da etwa zwei Drittel des Umsatzes im Ausland erzielt werden. Von den weltweit rund 60 Milliarden Euro Gesamtumfang maritimer Zulieferungen entfallen auf Europa rund 20, auf Deutschland etwa 8 Milliarden Euro. Dabei ist die Zulieferindustrie – anders als die Werften – nicht nur in der Nähe der Küsten angesiedelt, sondern eine bundesweit ausgerichtete Branche. Fast die Hälfte des Umsatzes wird in den Binnenländern Baden-Württemberg, Nordrhein-Westfalen und Bayern erwirtschaftet.

Meerestechnik

Als weiterer wichtiger Bereich der maritimen Wirtschaft gewinnt die Meerestechnik zunehmend an Bedeutung. Sie umfasst alle industriell-technischen Aktivitäten zur Nutzung und zum Schutz des Meeres. Denn Meere sind nicht nur Verkehrsträger, sondern auch Rohstoff- und Energielieferanten und Nahrungsmittelreserve. Für eine umweltschonende und nachhaltige Nutzung des Meeres sind mehr und mehr Techniken erforderlich, die die Meeresverschmutzung vermeiden bzw. bekämpfen. Zudem liefert die Meerestechnik Methoden für die Vermessung sowie für Wasserbau und Küstenzonenmanagement.

Teilbereiche der Meerestechnik und angrenzende Bereiche
- *Meeresbergbau*
- *Fischerei und Aquakultur*
- *Unterwassertechnik*
- *Marine Umweltschutztechnik*
- *Polartechnik*
- *Maritime Sicherheitstechnik*
- *Offshore-Technik*
- *Wasserbau und Küstenzonenmanagement*
- *Hydrografie*
- *Meeresforschungstechnik*

Deutschland ist führend im maritimen Umweltschutz. Die deutsche Meerestechnik liefert weltweit bedeutende Beiträge für eine ökologisch unbedenkliche Öl- und Erdgasförderung. Mit der Ausdehnung auf polare und andere sensible Meeresregionen steigen Bedeutung und Marktchancen deutscher Unternehmen mit ihrem speziellen Know-How. Vor allem die Polar- und

Eistechnik, aber auch die Unterwassertechnik, mit deren Hilfe das Meer nicht nur von der Oberfläche aus erkundet und genutzt werden kann, sind Spezialgebiete deutscher Firmen. Der bedeutendste Bereich der Meerestechnik ist aber zweifellos die Offshore-Technik. Vor allem werden Schiffe benötigt, die zur Erschließung neuer Tiefseefelder für die Rohölexploration eingesetzt werden können, kabelgebundene Unterwasserfahrzeuge zur Exploration (Erkundung) und Exploitation (Ausbeutung) von Kohlenwasserstoffen, sowie andere Spezialschiffe. Während in der Vergangenheit vor allem in den Neubau und die Modernisierung von Produktionskapazitäten investiert wurde, wird in der Zukunft die Stilllegung und umweltgerechte Entsorgung von Förderanlagen große Potenziale für die Meerestechnik bieten. In der Nordsee wird bis 2015 mit der Stilllegung von bis zu 20 Ölförder-Plattformen gerechnet.

Das größte wirtschaftliche Potenzial der verschiedenen Möglichkeiten erneuerbarer Energien bietet wohl die Offshore-Windenergie. Bis 2010 wird in Europa eine Windenergieleistung bis zu 60.000 Megawatt erwartet. Vor allem von der Erschließung geeigneter Seegebiete für die Installation von Windenergieanlagen auf dem Meer wird viel abhängen. Neben dem Bau und der Unterhaltung der eigentlichen Windräder kommt modernste Schiffstechnik auf Wartungs- und Transportschiffen zum Einsatz. Außerdem bietet die Offshore-Windenergie auch Unternehmen der Mess- und Untersuchungstechnik ein innovatives Einsatzfeld: zur Erfassung geologisch-physikalischer, biologischer und chemischer Prozesse. Weitere regenerative Energiequellen aus dem Meer wie Strömungskraftwerke und Wellenkraftwerke befinden sich in der Erprobung, Gezeitenkraftwerke sind sogar schon in Betrieb.

Marineschiffbau

Ein eigenständiger Bereich des Schiffbaus ist der Marineschiffbau. Standorte sind im Wesentlichen in Emden, Bremen, Hamburg, Kiel, Rendsburg, Flensburg und Wolgast. Hier sind etwa 3.500 Menschen beschäftigt. Der Marineschiffbau ist ein absoluter Hochtechnologiebereich. Hergestellt werden nicht-nuklear angetriebene U-Boote bis 2.000 Tonnen für das Küstenvorfeld, Fregatten bis 6.000 Tonnen, Korvetten bis 2.000 Tonnen, Schnellboote und Offshore-Patrouillenboote, Minenabwehrboote und Versorgungseinheiten. Insgesamt hat die wehrtechnische Branche gegenwärtig unter der drastischen Senkung öffentlicher Mittel zu leiden. Dabei gehen nicht nur hoch qualifizierte Arbeitsplätze verloren. Auch das technologische Knowhow droht verloren zu gehen. Da Aufträge aus dem Inland für Marineschiffbau-Werften derzeit kaum zu haben sind, versuchen sie, ihre Kompetenzen vorwiegend über den Export zu erhalten. Die Neuausrichtung der Bundeswehr hin zu Streitkräften für Krisenprävention und internationale Konfliktbewältigung hat auch große Auswirkungen auf die deutsche Marine. Um die entsprechenden Fähigkeiten zu erreichen, muss die Marineschiffbau-Industrie die entsprechenden Entwicklungsaufträge bekommen.

2.3 Hafenwirtschaft

Eine wichtige Rolle in der Maritimen Wirtschaft spielen die Häfen, da hier der Güterumschlag stattfindet. Fast 150.000 Mal lief im Jahr 2003 ein Schiff deutsche Seehäfen an Nord- und Ostsee an. Dabei nahm der Güterumschlag um gut drei Prozent im Vergleich zum Vorjahr zu. Insgesamt wurden 2003 knapp 255 Millionen Tonnen Güter umgeschlagen. Den Löwenanteil daran haben die Nordseehäfen, die mehr als 200 Millionen Tonnen umschlugen und einen Zuwachs von 5 Prozent verbuchten. An der Ostsee wurden knapp 50 Millionen Tonnen und damit ein halbes Prozent weniger als 2002 umgeschlagen. Ein großer Teil des Ladungsaufkommens wird mit europäischen Häfen abgewickelt: 2003 insgesamt 154 Millionen Tonnen. Das sind rund 60 Prozent des gesamten Umschlags. Gut 36 Prozent wurden mit Ländern aus Übersee und 3 Prozent innerhalb Deutschlands abgewickelt.

In den deutschen Binnenhäfen wurden im Seeverkehr 2003 2,2 Millionen Tonnen Güter umgeschlagen, rund ein Drittel weniger als im Vorjahr. Eine Spitzenstellung nimmt Duisburg mit 1,6 Millionen Tonnen ein, obwohl auch hier ein Rückgang um fast 37 Prozent zu beklagen war.

Große Häfen und ihr Umschlag

	Hafen	Umschlag (gerundet, in 1.000 Tonnen)	
		2002	2003
Ostsee	Rostock	17.350	16.700
	Lübeck	17.020	17.790
	Puttgarden	3.280	3.380
	Kiel	3.200	3.050

Hafen		Umschlag (gerundet, in 1.000 Tonnen)	
		2002	2003
Ostsee (Forts.)	Wismar	2.800	2.660
	Saßnitz	3.000	2.950
	Lubmin	380	300
	Wolgast	770	600
	Stralsund	900	890
	Flensburg	470	560
	Rendsburg	250	340
Nordsee	Hamburg	86.700	93.500
	Bremen/Bremerhaven	40.450	42.500
	Wilhelmshaven	38.800	39.500
	Brunsbüttel	7.600	7.200
	Brake	5.020	5.200
	Bützfleth	3.650	4.180
	Emden	3.380	3.320
	Nordenham	3.150	2.950
	Cuxhaven	1.250	1.200
	Leer	380	400
	Papenburg	320	440
	Husum	330	360
Binnenhäfen	gesamt	3.180	2.170
	darunter Duisburg	2.450	1.550

Quelle: Zentralverband der deutschen Seehafenbetriebe e.V., Jahresbericht 2003/2004

Die deutschen Seehäfen

Größter Hafen Deutschlands ist unangefochten Hamburg. Hier wird ein Drittel der gesamten Seegüter umgeschlagen. Vor allem ist Hamburg führend im Containerverkehr: Mehr als 60 Prozent des deutschen Containerumschlags findet hier statt. Danach folgen die Bremischen Häfen. Der größte Automobilhafen ist Bremerhaven, nach dem belgischen Zeebrügge einer der größten Europas. Direkt oder indirekt hängen allein mit diesem Hafen fast 4.000 Arbeitsplätze zusammen. Auch als bedeutender Containerumschlagsplatz und Anlandeplatz für Seefische hat sich Bremerhaven einen Namen gemacht. Zu einem ernsthaften Konkurrenten im Kfz-Umschlag entwickelt sich Emden. 750.000 Fahrzeuge gingen 2003 über diesen Hafen, davon 80 Prozent in den Export. Führender deutscher Standort der Hochseefischerei und der Fischindustrie ist Cuxhaven. Hier landet den ganzen Tag über frischer Fisch an, wird an Ort und Stelle verarbeitet und von spezialisierten Frischfisch-Spediteuren europaweit verteilt. Cuxhaven ist Heimathafen der Hochsee- und Küstenfischereiflotte. Angegliedert sind moderne Ausrüstungs-, Reparatur- und Versorgungsbetriebe sowie eine Werft. Ingesamt finden hier 3.500 Menschen Beschäftigung und stellen in rund 20 Betrieben Werte von über 300 Millionen Euro jährlich her. Als einziger deutscher Tiefwasserhafen mit Zufahrtstiefen von mindestens 20 Metern schlägt Wilhelmshaven vor allem Massengüter wie Rohöl um. Die höchsten Passagierzahlen verzeichnet Puttgarden: 6,4 Millionen Menschen nutzten 2003 eine der Fähren, die von diesem Hafen abfahren bzw. hier ankommen.

Deutschland empfängt an seinen Seehäfen deutlich mehr Ware als es versendet: Während gut 95 Millionen Tonnen ausgeführt wurden, kamen fast 160 Millionen Tonnen Güter aus ausländischen Häfen an.

Binnenhäfen

Auch die Binnenhäfen übernehmen im Rahmen der maritimen Wirtschaft wichtige Funktionen. Die über 100 öffentlichen Binnenhäfen in Deutschland öffnen Märkte für Industrie, Handel, Dienstleister und ganze Regionen. Denn: 56 von 74 deutschen Großstadtregionen haben Wasserstraßenanschluss. Die Binnenhäfen decken weite Teile Deutschlands ab und liegen im Zentrum ihrer Märkte. Maßgeschneiderte Logistikkonzepte, die sich nicht nur an Schnelligkeit, sondern auch an Pünktlichkeit und Zuverlässigkeit orientieren, sind mit dem Binnenhafen als Basis die zukunftsweisende Alternative zu den bekannten Transportstrukturen. Und: Im Binnenhafen können die Vorteile aller Verkehrsträger genutzt, Wasserstraße, Schiene und Straßen ideal verknüpft werden, so dass sich kostengünstige Alternativen zum traditionellen Lkw- oder Schienenverkehr eröffnen.

Gewachsen sind die meisten Binnenhäfen durch Umschlag und Lagerung von typischen Massen- und Flüssiggütern wie Kohle, Erz und Mineralöle. Doch die Häfen können mehr, wie die Vielzahl von Einrichtungen für hochwertige Massenstück- und Stückgüter, Containerware, Wechselbehälter und ähnliches belegt. Dabei vergrößert sich die Dienstleistungstiefe kontinuierlich, die Binnenhäfen entwickeln sich zu regionalen Güterverkehrszentren. Dies gilt für die verschiedensten Produkte, von der Kohle über Baustoffe bis hin zum Auto oder Fernsehgerät.

2.4 Binnenschifffahrt

Über 25.000 Kilometer Wasserstraßen – Flüsse, Seen und Kanäle – können in Europa zu Transportzwecken von Schiffen von 1.350 Tonnen und mehr befahren werden. In Deutschland sind es knapp 7.500 Kilometer, allen voran auf dem Rhein. Auf ihm können auf 623 Kilometern Länge Güter und Passagiere transportiert werden. Auf dem Niederrhein fahren täglich rund 500 Schiffe, 200.000 Schiffe pro Jahr. Damit ist der Rhein die verkehrsreichste Wasserstraße Europas. Zum so genannten Rheinstromgebiet gehören neben dem Rhein seine Nebenflüsse Mosel, Main und Necker. Dieses Gebiet bildet zusammen mit den übrigen Flüssen Weser, Elbe, Oder und Donau das Grundgerüst des deutschen Wasserstraßensystems. Durch den Bau von Kanälen wurden die Flüsse miteinander zu einem regelrechten Verkehrsnetz verbunden. Die letzte Ergänzung diese Netzes stellte die Vollendung des Main-Donau-Kanals im Jahr 1992 dar. Seitdem steht der Schifffahrt eine 3.500 Kilometer lange durchgehende internationale Wasserstraße von der Nordsee bis zum Schwarzen Meer zur Verfügung.

Güterverkehr

Die Binnenschifffahrt ist neben Straße und Schiene ein wichtiger Verkehrsträger im Güterverkehr. Sie eignet sich besonders für den sicheren Transport von Massen- und Gefahrgütern über lange Strecken – so Schwerlasten, industrielle Massenfrachten, Abfall und Bauprodukte. Außerdem hat sie eine große Bedeutung beim Weitertransport von Containern aus den Seehäfen in das deutsche und europäische Hinter- und Binnenland. Dabei ist die Binnenschifffahrt äußerst umweltverträglich, wirtschaftlich, zuverlässig und sicher. Umso unverständlicher ist es, dass die erwartete Verlagerung der Transporte von Schiene und Straße aufs Wasser trotz politischer Förderung nicht in dem Maße stattgefunden hat wie gewünscht. Der Marktanteil der Binnenschifffahrt am gesamten Güterverkehr in Deutschland liegt bei nur 15 Prozent (2003). Dabei hat der innerdeutsche Güterverkehr eine ständig abnehmende Bedeutung, der grenzüberschreitende Binnenschiffsverkehr war dagegen vier Mal so groß. Traditionelle Güter wie Steine, Erze und Metallabfälle werden von anderen wie Kohle, chemische Erzeugnisse, land- und forstwirtschaftliche Erzeugnisse sowie Containerfracht verdrängt.

Deutsche Binnenschifffahrts-Unternehmen konkurrieren nicht nur mit Unternehmen anderer Verkehrsträger aus dem Inland, sondern auch mit ausländischen Unternehmen. Heute befördern europäische Flotten etwa 60 Prozent der Güter auf deutschen Wasserstraßen, davon fast die Hälfte durch niederländische Schiffer. Deutsche Schiffe waren 2003 nur noch mit gut 36 Prozent am Gütertransport beteiligt. Auch deren Zahl ging zurück: Im Jahr 2003 transportierten laut Bundesverband öffentlicher Binnenhäfen (BÖB) nur noch rund 2.770 deutsche Schiffe Güter und Personen, fast 100 weniger als im Vorjahr. Kein Wunder, dass auch die Zahl der Unternehmen sinkt und mit 1.190 über 40 weniger als im Vorjahr ihre Dienste anboten. Dennoch ist die Binnenschifffahrt unmittelbar und mittelbar immer noch ein großer Arbeitgeber. Nach Schätzungen des BÖB sind gegenwärtig rund 350.000 Arbeitsplätze direkt oder indirekt von öffentlichen Binnenhäfen abhängig, und zwar in folgenden Bereichen:

• produzierendes Gewerbe (33 Prozent),
• Verkehr (24 Prozent),
• sonstige Dienstleistungen (22 Prozent),
• Handel (16 Prozent),
• Baugewerbe (6 Prozent).

Direkt in der Binnenschifffahrt sind dagegen rund 7.700 Menschen beschäftigt, davon gut 6.150 als fahrendes Personal.

Wichtige Schiffstypen in der Binnenschifffahrt
• *Motortankschiffe:* *Ein Motortankschiff kann grundsätzlich alles transportieren, was flüssig ist, zum Beispiel Mineralöl, Benzin, Säure, Laugen, Flüssiggas, aber auch Speiseöl oder Wein. Für die unterschiedlichen Anforderungen der Transportgüter gibt es spezielle Tankschiffe, deren Tanks aus Edelstahl sind oder mit speziellen Beschichtungen versehen sein können. In der Tankschifffahrt herrscht ein extrem hoher Sicherheitsstandard. Ein Beispiel ist die „Knautschzone" der Doppelhüllenschiffe von einem Meter um die Tanks herum, die bei Kollisionen optimalen Schutz gewährleistet. Die größten Motortankschiffe können bis zu 6.000 Tonnen transportieren.*
• *Motorgüterschiffe:* *Motorschiffe sind flexibel einsetzbar und stehen in allen Größenordnungen für den Transport der verschiedensten Güter zur Verfügung. Im Zuge des Strukturwandels unserer Wirtschaft ändert sich auch die Palette der transportierten Güter. Neben den traditionel-*

len Massengütern werden heute auch Altglas, Müllverbrennungsschlacke oder kontaminiertes Erdreich für die Wiederaufarbeitung mit Schiffen transportiert. Heute werden zudem Container mit Binnenschiffen vor allem zwischen den Seehäfen und rund 30 Terminals im Binnenland transportiert. Zukünftig werden vielleicht auch Wechselbehälter und Container zwischen Stationen im Binnenland befördert.

- **Schubschiffe und -boote:** Die Grundidee der Schubschifffahrt besteht darin, Antriebskraft und Laderaum der Schiffe voneinander zu trennen. Leistungsstarke Schubboote können bis zu sechs so genannte Schubleichter vor sich her schieben. Während der Zeit, in der die Leichter be- und entladen werden, können die Schubboote andere Aufträge ausführen. Auf diese Weise sind die Schubboote ständig produktiv im Einsatz, unproduktive Wartezeiten werden auf ein Minimum reduziert. Deshalb gilt die Schubschifffahrt als effizienteste Betriebsform. Sie kann ihre Vorteile insbesondere dann voll zur Geltung bringen, wenn entsprechend große Gütermengen zur Verladung anstehen wie dies bei der Versorgung des Stahlstandortes Duisburg mit Rohstoffen der Fall ist. Ein Koppelverband ist die Kombination von einem Motorgüterschiff mit einem Schubleichter. Dadurch ist man in der Lage, mit einem Koppelverband zwei Motorgüterschiffe zu ersetzen.

- **Spezialschiffe und -transporte:** Für nahezu jeden Anwendungszweck gibt es Lösungen in der Binnenschifffahrt. So werden Neuwagen direkt ab Werk verladen. Großraum- und Schwergüter werden per Kran in den Laderaum von Schiffen oder auf Schwimmpontons gehoben oder rollen auf eigenen Rädern an Bord. Für pulver- oder staubförmige Güter gibt es so genannte Siloschiffe, in die die Ladung pneumatisch durch Schläuche gedrückt wird. Dabei dringt kein Staub nach außen. Die Schiffe haben Kompressoren und Filter, damit es auch bei der Entladung sauber zugeht.

- **Containerschiffe:** Als Spezialschiffe kann man auch moderne Containerschiffe ansehen. Durch die im Schiff fest eingebauten so genannten Zellgerüste wird das Be- und Entladen der Container erleichtert. Nur durch modernste Umschlagtechnik können die Kostenvorteile, die man sich durch den Einsatz solch großer Schiffe verspricht, auch erschlossen werden. Um zum Beispiel 500 Container (TEU) zu befördern, die auf große Containerschiffe passen, wären 250 große Sattelzüge nötig. Das entspräche einer Fahrzeugschlange von mindestens 6 Kilometern Länge.

- **Passagierschiffe:** Weit über 10 Millionen Fahrgäste nutzen jährlich das Angebot der Personenschifffahrt für Tagesausflüge. Kabinenschiffe ermöglichen einen entspannten Urlaub auf dem Wasser. Flusskreuzfahrten quer durch Europa stehen bei Gästen aus dem In- und Ausland hoch im Kurs.

Die Menge der Güter, die auf deutschen Wasserstraßen transportiert werden, sinkt stetig. Daran sind die niedrigen Wasserstände der Flüsse in den letzten Sommern nur zum Teil schuld. Die anhaltende Krise der Bauindustrie trägt zu einem großen Teil dazu bei, da Baustoffe zu den am meisten transportierten Gütern gehören. Einzig die Containerschifffahrt gibt Anlass zu Optimismus: Sie nahm trotz niedriger Wasserstände 2003 um 9 Prozent zu. Während sich der Versand von Gütern ins Ausland um 6 Prozent verringerte, stieg der Empfang von Waren um 7 Prozent. Vor allem Erze und Metallabfälle für die deutsche Eisen- und Stahlindustrie waren sehr nachgefragt.

Umschlag in wichtigen Wasserstraßengebieten

Gebiet	Umschlag in Mill. Tonnen (2003)
Rheingebiet	162
Westdeutsches Kanalgebiet	33
Mittellandkanalgebiet	15
Wesergebiet	12
Elbegebiet	19
Donaugebiet	6
Berlin, Brandenburg, Mecklenburg	6

Personenverkehr

Neben der Güterschifffahrt befördern die Binnenschifffahrts-Unternehmen in beträchtlichem Umfang auch Personen in Fahrgast- und -kabinenschiffen für Ausflüge („Weiße Flotte") und Flusskreuzfahrten. 325 Unternehmen sind vorrangig auf diesem Gebiet tätig. Hier sind fast 3.200 Menschen beschäftigt. Damit beschäftigt die Personenschifffahrt gut 40 Prozent der insgesamt in der Branche tätigen Menschen. Sie erwirtschafteten 2003 einen Gesamtumsatz von 190 Millionen Euro, immerhin 27 Prozent des gesamten Umsatzes der Branche in Höhe von 1,26 Milliarden Euro.

Binnenschiffbau

Ähnlich wie die See-Werften entwickelt sich auch der Bau von Binnenschiffen positiv. 2003 wurden 48 Schiffe mit einem Gesamtwert von 87 Millionen Euro abgeliefert. Davon waren 19 hochwertige Fahrgastschiffe, 16 Schiffe für den Hafenbetrieb und für Behörden wie die Wasserpolizei sowie 13 Tank- und Fracht-schiffe. 12 Prozent gingen in den Export. Vor allem im Bereich der großen Kreuzfahrtschiffe konnte die deutsche Schiffsin-dustrie zulegen, da der Bedarf der europäischen Touristikunter-nehmen daran in den letzten Jahren deutlich zugenommen hat. Frachtschiffe hingegen werden in Niedriglohnländern Osteuropas und Asiens konkurrenzlos günstig gebaut, so dass einheimi-sche Firmen hier nicht wettbewerbsfähig sind. Sie beschränken sich deshalb in der Regel auf komplexe Umbauten und Moder-nisierungen vorhandener Frachter. 38 meist klein- und mittel-ständisch organisierte Werften mit rund 2.000 Beschäftigten konkurrieren in Deutschland miteinander und mit ausländi-schen Unternehmen. Die Mehrheit von ihnen beschäftigt weni-ger als 50 Mitarbeiter, kein Betrieb mehr als 500.

2.5 Fischerei und Fischwirtschaft

14 Kilogramm Fisch hat 2003 jeder Bundesbürger im Durch-schnitt verzehrt, davon fast ein Viertel aus eigenen Fängen der deutschen Fischwirtschaft. Die Fischwirtschaft besteht aus fol-genden Teilbranchen:
• Seefischerei,
• Küsten- und Binnenfischerei,
• Seefischmärkte und Fischimport,
• fischverarbeitende Industrie,
• Fischgroßhandel,
• Fischeinzelhandel und
• Fischgastronomie.

Ingesamt sind in diesen Bereichen knapp 43.000 Menschen be-schäftigt (2001: 46.300).

Die Fischerei in Deutschland wird bestimmt durch die so ge-nannte Gemeinsame Fischereipolitik (GFP) der Europäischen Union. Die staatliche Reglementierung der Fischerei ist nötig, weil die lebenden Ressourcen sowohl des Meeres wie der Bin-nengewässer nicht beliebig und unbegrenzt reproduzierbar sind und weil es kein Gleichgewicht zwischen Fangkapazitäten und vorhandenen Ressourcen gibt. Wie die Landwirtschaft gehört auch die Fischerei in die ausschließliche Zuständigkeit der Eu-ropäischen Gemeinschaft (mehr zur europäischen Fischereipo-litik in Kapitel 3).

Fischereiflotte

Die deutsche Fischereiflotte zählt mit einer Gesamttonnage von 66.008 BRZ und einer Gesamtmotorleistung von 160.278 kW neben den Flotten Belgiens, Finnlands und Schwedens zu den kleinsten in der Europäischen Union. Es wird unterschieden zwischen

- der Großen Hochseefischerei (11 Schiffe),
- der Kleinen Küstenfischer (1.664 Schiffe),
- der Kutter- und Küstenfischerei (431 Schiffe),
- Spezialfahrzeuge für Muscheln (13) und
- kleine Küstenschiffe für unquotierte Fischarten (95).

Der weitaus größte Teil der deutschen Fischereiflotte mit mehr als 2.000 Fahrzeugen ist an den Küsten Mecklenburg-Vorpommerns und Schleswig-Holsteins beheimatet.

Die Kleine Küstenfischerei wird fast ausschließlich an der Ostseeküste im küstennahen Bereich in Form von Stellnetz- und Reusenfischerei betrieben. Nur noch 39 Unternehmen mit 435 Mann an Bord beschäftigten sich 2002 mit der Großen Hochseefischerei und erwirtschafteten einen Umsatz von 80 Millionen Euro. Mit der Kleinen Hochseefischerei und der Küstenfischerei waren 2002 über 1.500 kleine Unternehmen mit gut 2.000 Crew-Mitgliedern befasst, wobei sie einen Umsatz von 110 Millionen Euro erzielten. Sowohl Umsätze als auch das fahrende Personal gehen zurück, und das, obwohl sich die Fänge leicht gesteigert haben.

Fischverarbeitung

Die fischverarbeitende Industrie wird neben den Fängen der deutschen Flotte mit Fisch vorwiegend aus Norwegen, USA, Russland und China versorgt. 2003 waren 94 Unternehmen damit beschäftigt, Fisch zu verarbeiten und gaben gut 10.000 Menschen Arbeit. Die Tendenz ist rückläufig. In Produktion und Handel wurde dabei 2003 ein Umsatz von 1,7 Milliarden Euro erwirtschaftet. Insgesamt wurden über 415.000 Tonnen Fisch verarbeitet – frisch oder gekühlt, gefroren, geräuchert oder anderweitig haltbar gemacht, als Filet, Fischstäbchen oder Salat.

Die Fischwirtschaft 2003

Branche	Beschäftigte	Umsatz (Mio. Euro)
Seefischerei	3.800 [1]	182
Binnenfischerei	4.400	170
Fischindustrie	10.300	1.742
Fischmärkte, Import	800	2.213
Fischgroßhandel	2.400	796
Fischeinzelhandel	18.100	484
Restaurants/Imbiss	4.200	320

1 mit Landbetrieben   Quelle: Fisch-Informationszentrum Hamburg

Fischereischutz

Der Vollständigkeit halber sollen hier noch die Fischereischutzboote erwähnt werden, die in deutschen Territorialgewässern
kreuzen und kontrollieren, ob die technischen Voraussetzungen
zum Schutz von jungen Meerestieren und Fangverbote eingehalten werden. Die Fischereiaufsicht übt die Bundesanstalt für
Landwirtschaft und Ernährung gemeinsam mit Bundesgrenzschutz und dem Zoll aus. Während der Zoll auch Kontrollen auf
Fischereifahrzeugen durchführt, kümmert sich der Bundesgrenzschutz darum, dass Drittländer nicht unzulässig in deutschen Gewässern fischen und dass nur zugelassene Fahrzeuge
in dafür vorgesehene Gebiete einfahren. Knapp 75.000 See-
meilen legen allein die drei Schutzboote „Meerkatze", „Seefal-
ke" und „Seeadler" auf ihren Reisen pro Jahr zurück und kontrollieren um die 2.000 Schiffe, zusammen mit Zoll und BGS sogar mehr als 5.000 Schiffe.

Fischereiforschung

Zentrum der Fischerei-Forschung ist die Bundesforschungsanstalt für Fischerei (BFAFi) in Hamburg mit den Instituten für Seefischerei, Fischereiökologie sowie Fischereitechnik und Fisch-
qualität. Darüber hinaus gehört zu ihr das Institut für Ostseefi-
scherei mit dem Sitz in Rostock. Die BFAFi führt im Verbund der
europäischen Fischereiforschungsinstitute eigene Forschungs-
arbeiten zur biologischen Überwachung und nachhaltigen Bewirtschaftung lebender Meeresressourcen (Fische, Krebs- und
Weichtiere) durch und befasst sich mit Fragen zur Erhaltung und

zum Schutz von Meeressäugern und Vögeln. Die Verbreitung und Wirkung von Schadstoffen im Meer und die Auswirkungen der Aquakultur auf die Gewässer und ihre Lebensgemeinschaften sind weitere Arbeitsbereiche. Ein weiterer wichtiger Aufgabenbereich ist die Entwicklung bestandsschonender, selektiver und energiesparender Fangmethoden. Da Fischereiforschung zu einem großen Teil auf See stattfindet, stehen den Forschern drei Forschungsschiffe des Bundesministeriums für Verbraucherschutz, Ernährung und Landwirtschaft zur Verfügung. Alle drei Schiffe werden – wie die deutschen Fischereischutzboote – durch die Bundesanstalt für Landwirtschaft und Ernährung bereedert und sind das ganze Jahr über im Einsatz. Sie sind ausgestattet für Aufgaben aus dem Bereich der Meeresforschung, vornehmlich die Fischereiforschung und alle damit zusammenhängenden Forschungsbereiche der Biologie, der Physik, der Chemie, der Meteorologie und der Geologie.

2.6 Schiffssicherheit, Meeresschutz und Meeresforschung

Nach verschiedenen spektakulären Tankerunfällen mit verheerenden Auswirkungen auf die Umwelt, unter dem Eindruck zunehmender Piraterie und nicht zuletzt der Ereignisse des 11. September 2001, nach denen auch die Schifffahrt als Ziel des internationalen Terrors in den Bereich des Möglichen gerückt ist, spielen Sicherheitsaspekte in der Schifffahrt eine zunehmend wichtige Rolle. Da es sich hierbei um ein breit gefächertes Feld handelt, können hier nur einige Aspekte herausgegriffen werden, die im Hinblick auf das Anliegen des Buches – die Branche als Arbeitgeber – wichtig erscheinen.

Die Küstenwache des Bundes

Unter dem Begriff Küstenwache werden verschiedene Behörden und Verwaltungen zusammengefasst, denen gemeinsam der Schutz der Küstengewässer obliegt. Die Küstenwache ist somit keine eigenständige Behörde, sondern eine Form der Kooperation von folgenden Partnern:
- Bundesgrenzschutzamt See für den grenzpolizeilichen Schutz,
- Wasser- und Schifffahrtsverwaltung des Bundes auf den Bundeswasserstraßen,
- BGS und Zoll für schifffahrtspolizeiliche Aufgaben außerhalb der Küstengewässer,

• Zoll außerdem für Kontrolle und Überwachung des grenzüberschreitenden Warenverkehrs und für Kontrolle der Fischerei im Auftrag der Bundesanstalt für Landwirtschaft und Ernährung (BLE).

Die Wasserschutzpolizeien der Küstenländer übernehmen allgemeine polizeiliche Aufgaben im Küstenmeer, sind allerdings kein Bestandteil der Küstenwache.

Koordinator der Zusammenarbeit aller Bundesbehörden ist der „Gemeinsame Ausschuss Küstenwache". Die gemeinsamen Aktionen werden seit 2004 zentral aus dem Küstenwachzentrum Nordsee in Cuxhaven geleitet. Die Beamten arbeiten eng mit dem Havariekommando des Bundes und der Küstenländer, ebenfalls mit Sitz in Cuxhaven, zusammen (siehe nächster Abschnitt).

Die Wasser- und Schifffahrtsverwaltung (WSV) und die für die Küsten zuständigen Wasser- und Schifffahrtsdirektionen Nord und Nordwest einschließlich der ihnen nachgeordneten Wasser- und Schifffahrtsämter sorgen unter anderem dafür, dass die Bundeswasserstraßen ausgebaut und unterhalten, dass Hindernisse beseitigt und Unfälle untersucht werden, dass Verkehrsvorschriften eingehalten werden. Außerdem untersteht ihnen das gesamte Lotsenwesen und die mit modernster Technik betriebene Verkehrsüberwachung. Neben den Bundeswasserstraßen erstreckt sich ihr Zuständigkeitsbereich auch auf die so genannte Ausschließliche Wirtschaftszone (AWZ) der Bundesrepublik.

Was ist die Ausschließliche Wirtschaftszone?

In der ausschließlichen Wirtschaftszone genießen alle Staaten gemäß dem Seerechtsübereinkommen der Vereinten Nationen grundsätzlich die Freiheiten der Schifffahrt, des Überflugs und der Verlegung unterseeischer Kabel und Rohrleitungen. Dabei sind Einschränkungen durch besondere Rechte des Küstenstaates zu berücksichtigen. Die ausschließliche Wirtschaftszone dient demzufolge dem Verkehr zwischen den Staaten und seine freie Benutzung im verkehrsrechtlichen Sinne bildet die Basis für den weltweiten Handel.

Gebietsrechtlich gehört die AWZ nicht zum Küstenmeer, das der Souveränität des Küstenstaates unterliegt und damit zu seinem Staatsgebiet gehört. Sie bildet aber auch keinen Teil der Hohen See. Aus diesem gebietsrechtlichen Status der AWZ zwischen Küstenmeer und Hoher See folgt, dass die AWZ kein Teil des deutschen Staatsgebietes bildet, sie also kein Inland ist.

Für den polizeilichen Schutz der deutschen Staatsgrenze ist der Bundesgrenzschutz (BGS) als Vollzugsorgan des Bundesministeriums des Innern zuständig. Das Bundesgrenzschutzamt See mit Sitz in Neustadt/Holstein als Teil des Grenzschutzpräsidiums Nord ist die einzige maritime Einsatzkomponente des Bundes und führt im gesamten Küstenmeer rund um die Uhr Streifenfahrten zum grenzpolizeilichen Schutz des Bundesgebietes sowie zur Bekämpfung illegaler Migration und organisierter Schleuserkriminalität. Dafür stehen sechs Schiffe zur Verfügung. Eine neue Generation von drei hochseetauglichen Schiffen mit neuester Navigations- und Überwachungstechnik kommt bzw. ist bereits im Einsatz. Zusätzlich werden zur Überwachung des Seegebietes seeflugtaugliche Hubschrauber der Bundesgrenzschutz-Fliegerstaffel Nord eingesetzt.

Ebenfalls drei Schiffe stehen der Bundesanstalt für Landwirtschaft und Ernährung zur Fischerei-Überwachung zur Verfügung (siehe Abschnitt Fischereischutz). Dem Bundesministerium der Finanzen unterstehen schließlich über die zuständigen Oberfinanzdirektionen die örtlich zuständigen Hauptzollämter und Zollkommissariate. Mit Hilfe schneller Zollkreuzer werden der Warenverkehr über die Zollgrenzen der Europäischen Union überwacht und die Ein- und Ausfuhrabgaben gesichert. Außerdem wird kontrolliert, ob die Verbote und Beschränkungen, vor allem was Drogen und Waffen betrifft, eingehalten werden.

Havariekommando

Mit dieser Einrichtung als Sonderstelle des Bundes und der Küstenländer mit Sitz in Cuxhaven wird das Unfallmanagement auf Nord- und Ostsee gebündelt. Es geht vor allem um
• die Versorgung von Verletzten,
• die Bekämpfung von Schadstoffen und Bränden sowie
• die Hilfe und Bergung bei schwierigen Schäden auf See.

Damit wurde 2003 für den Fall schwerer Seeunfälle eine einheitliche Organisations- und Führungsstruktur geschaffen, die die Aktivitäten der verschiedenen Stellen zusammen führt. 37 Mitarbeiter in sechs Fachbereichen kümmern sich zur Zeit darum.

Seenotleitung und Seerettung

Mehr als 72.000 Menschen hat die Deutsche Gesellschaft zur Rettung Schiffbrüchiger (DGzRS) in ihrer 140-jährigen Geschichte bereits das Leben gerettet. Einsatzzentrale für den Such- und Rettungsdienst (SAR= Search and Rescue) im Seenotfall ist die Seenotleitung Bremen (MRCC Bremen). Allein 2004 unternahmen Seenotretter über 2.500 Einsatzfahrten in Nord- und Ostsee. Dabei wurden 368 Personen aus Seenot gerettet und weitere 837 aus kritischen Gefahrensituationen befreit. In 343 Fällen wurden Kranke oder Verletzte von Inseln, Halligen oder Schiffen zum Festland transportiert. 67-mal wurden Schiffe und Boote vor dem Totalverlust bewahrt und 883-mal wurde die DGzRS zu technischen Hilfeleistungen auf See gerufen. Um das jederzeit zu leisten, unterhält die DGzRS auf 54 Stationen entlang der Küste und auf den Inseln eine Rettungsflotte von 61 leistungsfähigen Schiffen und Booten, genau

- 11 Seenotrettungskreuzer und 12 Seerettungsboote in der Nordsee,
- in der Ostsee 19 Seenotrettungskreuzer und 22 Seenotrettungsboote.

Rund 800 freiwillige sowie 185 fest angestellte Besatzungsmitglieder tun dort ihren Dienst. In der Zentrale Bremen sind außerdem 60 Mitarbeiter beschäftigt.

Lotsenwesen

Vor allen in Hafenzufahrten und an Flussmündungen, bei Kanalpassagen und in Häfen werden Lotsen aktiv, die mit Einverständnis des Kapitäns des jeweiligen Schiffes befristet die nautische Führung übernehmen. Die einzelnen Gebiete (Reviere) haben eigene Lotsenverordnungen, die von den zuständigen Wasser- und Schifffahrtsdirektionen erlassen werden. Rund 832 Seelotsen sind derzeit an Nord- und Ostsee freiberuflich aktiv. Aufgrund der enormen Ausmaße moderner Handels- und Kreuzfahrtschiffe sowie des dichten Verkehrs in engem Fahrwasser tragen Lotsen eine große Verantwortung für Schiff und Mannschaft, aber auch für den Schutz des Meeres. Sie müssen in der Lage sein, sich innerhalb kürzester Zeit auf Fahr- und Manövriereigenschaften eines fremden Schiffes einzustellen sowie Wetterlage, Strömung und Gezeiten zu berücksichtigen, bevor sie Anweisungen zur Fahrt und zum Kurs des Schiffes erteilen. Neben See- und Hafenlotsen gibt es noch 119 so genannte Kanalsteurer.

Seelotse

Der Seelotse ist ein Nautiker (meist ein erfahrener Kapitän), der den Schiffsverkehr sicher entlang der Küste, durch Kanäle und Flüsse zu bzw. von den Seehäfen geleitet. Sie unterstehen dem Bund.

Hafenlotse

Ein Hafenlotse ist ein Nautiker, der den Schiffsverkehr sicher in den bzw. aus dem Seehafen geleitet. Es gibt sie nur noch in den Seehäfen Hamburg und Bremerhaven. Sie unterstehen dem jeweiligen Bundesland.

Kanalsteurer

Kanalsteurer haben die Aufgabe, größere Schiffe während der Passage durch den Nord-Ostsee-Kanal zu navigieren, um eine sichere Durchfahrt zu gewährleisten.

Meeresumweltschutz

Der Umweltschutz auf Nord- und Ostsee gewinnt angesichts der zunehmenden Verkehrsdichte, der Fischereiwirtschaft, von Nährstoffeinleitungen durch die Landwirtschaft und anderen Belastungen zunehmende Bedeutung. Zwar dürfen seit 1999 keine Schwerölrückstände und Tankwaschwasser mehr eingeleitet werden. Illegal werden dennoch beträchtliche Mengen auf diese Weise entsorgt. Tankerunfälle machen das zerbrechliche ökologische Gleichgewicht besonders deutlich. Dazu kommt, dass Havarierisiko in Nord- und Ostsee vor allem durch die Zunahme von Windenergieanlagen eher zu- als abnimmt. Auch die SO_2-Emission der Seeschifffahrt macht nahezu ein Drittel der in der EU insgesamt verursachten Emissionen aus. Schließlich führt das Einschleppen von exotischen Lebewesen durch Schiffe dazu, dass das Ökosystem durcheinander gerät.

Bund und Länder kümmern sich über das Havariekommando in Cuxhaven (siehe Abschnitt Havariekommando weiter vorn) gemeinsam darum, der Meeresverschmutzung zu begegnen. Vor allem zur Bekämpfung von Öl- und Chemikalienverschmutzungen sind 20 Schiffe vor der Küste bzw. in küstenfernen Gebieten im Einsatz. Außerdem kann die Marine mit Flugzeugen Verschmutzungen aufspüren und die Täter identifizieren.

Meeresforschung

Zahlreiche Forschungsprogramme, die von der Bundesregierung aufgelegt und unterstützt werden, haben ein besseres Verständnis für die Zusammenhänge im Ökosystem Meer und seine schonende Nutzung zum Ziel. Als ausgewählte Beispiele seien hier genannt:
- das Programm „Meeresforschung" (seit 1993),
- das Programm „Polarforschung" (seit 1996),
- das Programm „Schifffahrt und Meerestechnik für das 21. Jahrhundert".

International forscht Deutschland an Programmen wie CLIVAR (Auswirkungen von Klimaschwankungen), ARGO (Klimaforschung), ACSYS (Arktische Klimaforschung) und EPICA (Eiskernbohrungen in der Antarktis) mit. Ausführliche Informationen enthält der Bundesforschungsbericht 2004 (www.bmbf.de/pub/bufo2004.pdf).

Zahlreiche Forschungseinrichtungen und Reederein betreiben maritime Forschung bzw. kümmern sich um die erforderlichen Forschungsschiffe. An dieser Stelle sollen die wichtigsten vorgestellt werden.
- Bundesamt für Seeschifffahrt und Hydrografie in Hamburg und Rostock, 6 Forschungsschiffe, 810 Mitarbeiter, davon 150 Seeleute (www.bsh.de),
- Leibniz-Institut für Meereswissenschaften in Kiel, Ausbildung von Studenten in den Fachrichtungen Geologie, Meteorologie, Biologische Meereskunde, Fischereibiologie und Meereschemie (gemeinsam mit Uni Kiel), 4 Forschungsschiffe, 330 Mitarbeiter (www.ifm-geomar.de),
- Alfred-Wegener-Institut für Polar- und Meeresforschung (AWI) in Bremerhaven, Schwerpunkt internationale Antarktisforschung, 4 Forschungsschiffe (www.awi-bremerhaven.de),
- Forschungsanstalt der Bundeswehr für Wasserschall- und Geophysik (FWG) in Kiel, 1 Wehrforschungsschiff, 105 Mitarbeiter (www.fwg-kiel.de),
- Forschungsinstitut Senckenberg, Abteilung Meeresforschung (WHV) in Wilhelmshaven, Schwerpunkt sedimentologische und ökologische Grundlagenforschung, 1 Forschungskutter, 5 Mitarbeiter (www.senckenberg.de, Link zu „Abteilungen" und „Meeresforschung"),
- GKSS-Forschungszentrum Geesthacht (gehört zur Helmholz-Forschungsgemeinschaft), 1 Forschungsschiff, 700 Mitarbeiter (www.gkss.de/index_d_js.html),

- Forschungszentrum TERRAMARE in Wilhelmshaven, Zentrum für Flachmeer-, Küsten- und Meeresumweltforschung. 12 fest angestellte Mitarbeiter, dazu wechselnde Projektmitglieder und Studenten (www.terramare.de),
- RF Forschungsschifffahrt GmbH in Bremen, Schwerpunkt Bereederung und Betrieb von Forschungsschiffen für Dritte, 2 eigene Forschungsschiffe mit insgesamt 60 Besatzungsmitgliedern und 55 Wissenschaftlern (www.rf-gmbh.de),
- Reederei F. Laeisz GmbH in Rostock, Schwerpunkt Bereederung von Forschungsschiffen, u. a. des größten deutschen Forschungsschiffes, der „Polarstern" (www.laeisz.de),
- BMS Baltic Marine Service GmbH in Rostock, Bereederung und Betrieb von Forschungsschiffen und anderen Fahrzeugen für die Meeresforschung, 34 Mitarbeiter (www.bms-rostock.de),
- Briese Schifffahrts GmbH & Co. KG in Leer, Abteilung Forschungsschifffahrt; Bereederung von Forschungsschiffen (www.briese.de).

2.7 Die Deutsche Marine

Die elementare Aufgabe der Deutschen Marine besteht nach wie vor im Schutz unseres Landes und des Nato-Bündnisgebietes. Darüber hinaus nimmt Deutschland in zunehmendem Maße zusätzliche Aufgaben im Bündnis, aber auch im UNO-Auftrag wahr. Krisenbewältigung und Konfliktverhinderung sind zwei der neu in den Mittelpunkt gerückten Aufgaben der Marine, die hierzu 40 Prozent ihrer Gesamtkräfte verwendet. Das bedeutet eine maritime Präsenz vor der Küste eines Krisenverursachers bis hin zum Eingreifen mit Waffengewalt. Seestreitkräfte und hierauf eingeschiffte Heereskontingente sind wegen ihrer hohen Flexibilität und Mobilität dazu besonders geeignet. Sie können Krisengebiete innerhalb kürzester Zeit erreichen und dort wirkungsvoll eingesetzt werden. Die Bedingungen für solche Einsätze sind rechtlich geregelt und bedürfen immer der Zustimmung des Deutschen Bundestages. Die vierte Aufgabe ist wohl die publikumswirksamste, welche die Bundeswehr hat: Humanitäre Aufgaben. Hierzu gehören Rettungseinsätze zu Lande und zu Wasser sowie sonstige Hilfsleistungen, welche die Streitkräfte erfüllen.

Sämtliche schwimmenden und fliegenden Kampfverbände, die schwimmenden Unterstützungsverbände sowie Einrichtungen der Marineführungsdienste unterstehen dem Flottenkommando.

Typgleiche Schiffe sind dabei zu Flottillen zusammengefasst. Sie setzen sich aus jeweils mehreren Geschwadern mit Schiffen und Booten überwiegend einer Klasse zusammen. In der Flottille der Marineflieger sind alle Seeluftstreitkräfte der Deutschen Marine organisiert.

Zerstörer und Fregatten eignen sich besonders zur Seeraumüberwachung, U-Bootjagd, Bekämpfung von Überwassereinheiten und zur Abwehr von Luftangriffen. Diese Schiffe sind also auf die Sicherung von Schiffsverbänden – beispielsweise von Handelsschiffen – spezialisiert. Diese größten Einheiten der Marine sind in der Zerstörerflottille zusammengefasst. Die Schiffe operieren ohne regionale Einschränkungen und sichern gemeinsam mit den Marinen der Bündnispartner Seeverbindungen und Seeräume. Zur Zerstörerflottille gehören auch die unterschiedlichen Versorgungs- und Hilfsschiffe der Flotte: Betriebsstoff- und Munitionstransporter ebenso wie Versorger, Schlepper und Eisbrecher betreuen und versorgen die Kampfeinheiten auf See und im Hafen mit allen notwendigen Dienstleistungen und Verbrauchsstoffen.

Randmeere und Küstengewässer haben ihre eigenen Bedingungen. Sie erfordern für den Überwasserkampf Spezialisten im Küstenvorfeld – die wendigen und reaktionsschnellen Fahrzeuge der Schnellbootflottille. Die Schnellboote der Marine erweitern hier das Operationsgebiet in Zonen flachen Wassers, also dort, wo Fregatten aufgrund ihrer Größe nicht mehr eingesetzt werden können. Durch die Schnellboote ist die Deutsche Marine in der Lage, die Überwachung des Küstenvorfelds sicherzustellen.

Die Unterseeboote der U-Bootflottille sind in erster Linie ein politisches Einsatzmittel. Sie lassen einen möglichen Gegner über ihre Anwesenheit im Unklaren. Von besonderer Bedeutung ist, dass U-Boote bereits durch ihre bloße Anwesenheit starke gegnerische Seestreitkräfte binden können. Sie kommen in Gebieten zum Einsatz, in denen andere Seestreitkräfte, insbesondere Überwassereinheiten, nur unter sehr großen Risiken operieren können. Selbst im flachen Wasser und vor Hafeneinfahrten können sie den Schiffverkehr überwachen und erste Aufklärungsergebnisse liefern.

Gegnerische Minen zum Schutz der eigenen Seewege zu räumen, aber auch die Verlegung von Minen zur Sicherung der eigenen Operationsgebiete gehört zu den Aufgaben der Flottille der Minenstreitkräfte. Auf dem Feld der Minenabwehr hat sich die Deutsche Marine bereits beim Einsatz im Golf von Arabien, aber auch in allen späteren Einsätzen einen hervorragenden Ruf erworben. Auch die Kampfschwimmer und Minentaucher gehören dieser Flottille an.

Nachhaltig unterstützt werden die schwimmenden Verbände der Marine von den Seeluftstreitkräften der Flottille der Marineflieger. Flugzeuge sind hochmobil und in einem weiten Einsatzspektrum einsetzbar. Sie haben die Aufgabe, Seegebiete weiträumig zu überwachen, Seeziele aufzuklären und zu bekämpfen sowie wichtige Beiträge zum Such- und Rettungsdienst (SAR) über See zu leisten. Mehrere Flugzeuge sind mit speziellen Spürgeräten zur Ermittlung von gesetzwidrigen Verschmutzungen der Meere durch Öle und andere Stoffe ausgerüstet.

Weltweit bekannt ist das Segelschulschiff Gorch Fock, auf dem der Offiziers- und Unteroffiziersnachwuchs der Marine ausgebildet wird. Die zahlreichen Auslandsreisen der Dreimastbark dienen der Ausbildung der jungen Marinesoldaten und tragen zugleich zur Förderung und Vertiefung der internationalen Beziehungen Deutschlands bei.

Insgesamt sind für die Marine knapp 25.000 Soldaten und Offiziere und gut 4.000 zivile Beschäftigte tätig, darunter rund 6.000 Soldaten und 250 Zivilisten an Bord der Flotte. Zu den einzelnen Karrieremöglichkeiten kommen wir in den Kapiteln 5 und 8.

3. Politische Rahmenbedingungen für die Maritime Wirtschaft

Aufgrund der strategischen Bedeutung, die die maritime Wirtschaft der Europäischen Union und Deutschlands auf die Gesamtwirtschaft haben – europäische Reeder kontrollieren 40 Prozent der Welthandelsflotte und 90 Prozent des Außenhandels wird über den Seeverkehr abgewickelt – steht dieser Wirtschaftsbereich besonders im Fokus der Industrie. Es gibt eine Vielzahl von Programmen und Förderinstrumenten, von denen hier nur einige wichtige vorgestellt werden können.

3.1 Schiffbau

Der deutsche Schiffbau ist absolut führend in Europa, hat aber mit enormen Problemen zu kämpfen. Vor allem das koreanische Preisdumping beim Bau von Tankern und Massengutfrachtern hat dazu geführt, dass in deutschen und europäischen Werften so gut wie kein solches Schiff mehr gebaut wird. Sie haben sich auf andere Schiffstypen spezialisiert und konnten 2004 nach Jahren des Rückgangs erstmals wieder einen Aufwärtstrend verzeichnen: 15 Prozent der weltweiten Auftragseingänge gingen nach Europa.

Allerdings profitieren nicht alle Werften gleichermaßen von der derzeitigen guten Nachfrage, die vor allem durch das enorme Wirtschaftswachstum in China und den damit zusammenhängenden Transportbedarf hervorgerufen wird. Und die Konjunktur steht auf wackligen Beinen. Denn China will selbst in zehn Jahren die größte Schiffbaunation sein. Daher hat die EU mit dem Programm „Leader SHIP 2015" eine Strategie für die Wettbewerbsfähigkeit europäischer Werften entwickelt. Hier geht es vor allem darum, die Klage der EU bei der WTO (World Trade Organization, Welthandelsorganisation) gegen koreanisches Preisdumping im Schiffbau zu unterstützen. Zwar stand zum Zeitpunkt der Recherchen für dieses Buch das Ergebnis noch aus, aber die WTO hatte bereits anerkannt, dass, wie es EU-Kommissar Günter Verheugen formulierte, „fast alle koreanischen Werften in erheblichem Umfang von illegalen Subventionen in der Form von

Exportkrediten profitiert haben … Es scheint, dass bestimmte Teile der koreanischen Industriepolitik im Bereich des Schiffbaus clever um die Regeln des Welthandels herum konzipiert worden sind." Bis Ende März 2005 wurde die Klage von der Bundesregierung mit befristeten Wettbewerbshilfen für deutsche Werften flankiert. Aufträge für die besonders von der Wettbewerbsverzerrung betroffenen Segmente Containerschiffe und Tanker durften mit sechs Prozent des Auftragswertes gefördert werden. Eine Fortsetzung gibt es allerdings nicht. Als Ergänzung bzw. Ersatz dafür wurde erst im Februar 2005 von der Europäischen Kommission ein neues Innovationsförderungsprogramm der Bundesregierung genehmigt. Sie wird konsequent zukunftweisende schiffbauliche Neuerungen unterstützen und damit die Risiken der Werften minimieren sowie auf eine wettbewerbsfähige Branchenstruktur dringen. Hat die Innovation Erfolg auf dem Markt, fließt der Förderbetrag an den Staat zurück.

Außerdem ist es nach Ansicht von EU und Bundesregierung nötig, größere Werftverbünde zu bilden, um kapitalstarke Unternehmen mit breiter Produktpalette zu erhalten. Nur so kann den koreanischen Unternehmen mit zumeist über 4.000 Beschäftigten (Deutschland: im Schnitt knapp 600 Beschäftigte) Paroli geboten werden. Insofern scheint die Gründung der Thyssen-Krupp Werften im Oktober 2004 der richtige Weg zu mehr Wettbewerbsfähigkeit zu sein. Drei Werften – Blohm + Voss Hamburg, Nordseewerke Emden und Howaldtswerke-Deutsche Werft AG Kiel – bilden den neuen Verbund, der in Deutschland 6.500 Menschen beschäftigt und rund 2,2 Milliarden Euro umsetzt.

Auch zukunftsweisend ist der so genannte Beschäftigungspool deutscher Werften. Hier wurde zwischen den Tarifparteien festgelegt, dass Werften bei Auftragsschwankungen Personal austauschen können bzw. dass Mitarbeiter bei Unterbeschäftigung qualifiziert werden. Diese flexible Modell sichert nicht nur das Qualifikationsniveau, sondern trägt auch dazu bei, dass Erfahrungen zwischen den Werften ausgetauscht wird.

3.2 Schifffahrt

Die deutsche Handelsflotte – also Schiffe, die von Deutschland aus im internationalen Verkehr tätig sind – wächst. Nach Schätzungen wird es bis Ende 2005 2.800 Handelsschiffe mit bis zu 50 Millionen BRZ geben. Mit der Flotte wachsen auch die Managementaufgaben und die Anzahl der Landbeschäftigten. Insbesondere die Tonnagesteuer hat dazu beigetragen, das sich zahlreiche deutsche Reeder dazu entschlossen, sich wieder mehr am Standort Deutschland zu engagieren.

Was ist die Tonnagesteuer?

Seit 1999 haben Seeschifffahrts-Gesellschaften die Möglichkeit einer pauschalen Gewinnermittlung, sofern einige Voraussetzungen erfüllt sind. Zielsetzung der Tonnagesteuer ist eine Stärkung des Schifffahrts-Standortes Deutschland. So ist unter anderem eine Voraussetzung, dass die Bereederung des Schiffes aus Deutschland erfolgt und das Schiff überwiegend in das inländische Schiffsregister eingetragen ist. Bei Anwendung der Tonnagesteuer wird anstelle des tatsächlichen Gewinns oder Verlustes der Gewinn pauschal ermittelt. Grundlage der Pauschalisierung ist die Nettoraumzahl, also die „Größe" des Schiffes. So ergibt sich für ein Containerschiff mit 2.500 Containern ein fiktiver Gewinn von gut 25.564 Euro im Jahr. Dieser Betrag wird dann der Einkommensteuer zugrunde gelegt. Gewinn und Steuern sind also für die einzelnen Gesellschafter während der Betriebsphase gering. An seine Entscheidung für die Tonnagesteuer ist der Reeder zehn Jahre gebunden.

Ein Meilenstein in der Schifffahrts-Förderung ist das „Bündnis für Ausbildung und Beschäftigung in der Seeschifffahrt", das auf der 3. Maritimen Konferenz 2003 in Lübeck beschlossen wurde. Hier vereinbarten die Gewerkschaft Verdi, der Verband Deutscher Reeder (VDR), die Wirtschafts- und Verkehrsminister der norddeutschen Küstenländer und die Bundesregierung gemeinsam bestimmte Maßnahmen, um die Wettbewerbschancen der Schifffahrt zu verbessern. Damit wurde die Politik fortgesetzt, die mit der 1. Maritimen Konferenz im Jahr 2000 vor allem auf Initiative des Bundeskanzlers Gerhard Schröder in Gang gesetzt wurde.

Zwei Ziele verfolgt das so genannte Maritime Bündnis:

1. Es sollen die anhaltende Tendenz zur Ausflaggung deutscher Handelsschiffe und die damit verbundenen Arbeitsplatzverluste für deutsche Seeleute gestoppt sowie das Nachwuchsproblem in der deutschen Seeschifffahrt gelöst werden.

2. Es soll mittel- bis langfristig eine tragfähige Grundlage zur Sicherung von internationaler Wettbewerbsfähigkeit, Ausbildung und Beschäftigung in der deutschen Seeschifffahrt gelegt werden.

Dafür wurden vom Bund unter anderem die Ausbildungsförderung aufgestockt, Entlastungen bei den Lohnnebenkosten der Seeleute und den Versicherungssteuern der Reederein vereinbart und die Ausbildung von Schiffsmechanikern den veränderten Bedingungen angepasst (mehr zur neuen Ausbildung in den Kapiteln 5 und 8). Der Verband Deutscher Reeder verpflichtete sich, mehr Ausbildungsplätze zur Verfügung zu stellen, die Qualität der Ausbildung zu steigern und die Bordausbildung junger Seeleute finanziell zu unterstützen. Verdi will sich für tarifliche Erleichterungen einsetzen und die Küstenländer schließlich kümmern sich um die Verbesserung der schulischen Ausbildung, vor allem um Kooperation mit ausländischen Bildungseinrichtungen, wechselseitige Anerkennung von Ausbildungsgängen in Land- und Seeberufen sowie um die Schaffung von Ausbildungsstandards für Schiffsoffiziere.

Im Gegenzug verpflichteten sich die deutschen Reeder, bis 2005 100 bis 200 Schiffe unter deutsche Flagge zurückzuholen. Allerdings haben sie dabei mit einem großen Problem zu kämpfen: „Unter deutscher Flagge fahren" heißt nämlich: Das Führungspersonal an Bord muss aus Deutschland oder aus der EU kommen. Doch allein in Deutschland fehlen schon jetzt über 1.000 Nachwuchsoffiziere. Die Reeder haben die Ausbildung in den zurückliegenden Jahren sträflich vernachlässigt. Das Zurückflaggen scheitert deshalb schon daran, dass es nicht genug Kapitäne, Erste Offiziere und Chefingenieure mit deutschem oder EU-Pass für die Besetzung der Schiffe gibt. Hier liegen riesige Chancen für junge Leute, aber auch für Quereinsteiger.

3.3 Seehäfen

Die wirtschaftliche Bilanz der deutschen Seehäfen ist erfreulich, ihr Wachstum liegt deutlich über dem der gesamten deutschen Wirtschaft. Wachstumsträger ist der Container-Umschlag, der vor allem in Hamburg und Bremerhaven vonstatten geht. Basis der Hafenpolitik ist die bereits 1999 vereinbarte „Gemeinsame Plattform der deutschen Seehafenpolitik" zwischen Bund und Küstenländern. Besonders wichtig ist die Anbindung der Häfen an das Hinterland. Der Ausbau der land- und seeseitigen Zufahrten und die Verbindung zu den Wirtschaftszentren des Landes ist daher ein Investitionsschwerpunkt im „Zukunftsprogramm Mobilität", mit dessen Hilfe rund 100 Milliarden Euro in den Ausbau und die Modernisierung der Verkehrswege investiert wurden. Auch der Bundesverkehrswegeplan aus dem Jahr 2003, in dem sechs Bundesschienen-, sechs Bundesstraßen- und drei Bundeswasserstraßen-Projekte ausgewiesen sind, stärkt die deutschen Seehäfen. Allerdings, so befürchtet der Deutsche Speditions- und Logistikverband (DSLV) in seinem Jahresbericht 2004, fehlen dem Verkehrsetat der Bundesregierung bis 2008 jährlich rund 2,6 Milliarden Euro, um die hoch gesteckten Ziele zu erreichen. Auch die Einnahmen aus der LKW-Maut werden den Investitionsstau laut DSLV wohl nicht lösten.

3.4 Fischerei

Mit Hilfe der Gemeinsamen Fischereipolitik (GFP) reguliert die Europäische Union die Fischerei zum Wohle der Allgemeinheit und speziell der Fischer und der Verbraucher. Dies vollzieht sich in vier großen Bereichen, nämlich

* der Erhaltung und Bewirtschaftung der Ressourcen, vor allem durch die Festsetzung von Fangmengen, die Begrenzung der Fangtätigkeit, den Erlass technischer Vorschriften (z. B. zur Gestaltung der Fanggeräte oder zur Ausweisung von Schutzgebieten) und durch die Kontrolle der Fangtätigkeit,
* der Gestaltung der Flottenstruktur insbesondere durch mehrjährige Programme, mit deren Hilfe die Kapazitäten an die vorhandenen Ressourcen angepasst werden sollen,
* der Aufrechterhaltung eines Marktes für Fischereierzeugnisse durch eine gemeinsame Marktorganisation, so dass Angebot und Nachfrage in einem ausgeglichenen Verhältnis zueinander stehen,
* der Gestaltung guter internationaler Beziehungen durch den Abschluss von Fischereiabkommen mit Drittstaaten und die Mitarbeit in internationalen oder regionalen Fischereiorganisationen.

Die GFP wird alle zehn Jahre einer grundlegenden Überprüfung unterzogen, zuletzt 2002. Das Ergebnis der Überprüfung war, die GFP zu reformieren und dabei insbesondere Belange des Umweltschutzes stärker in den Vordergrund zu rücken, um dem Ziel einer ökologisch verträglichen und ökonomisch vernünftigen

Fischerei näher zu kommen. Dies soll vor allem durch den Abbau der nach wie vor bestehenden Überkapazitäten bei den Flotten, durch die Anwendung schonender Fangmethoden und ein verbessertes Fischereimanagement unter strikter Beachtung der wissenschaftlichen Empfehlungen geschehen. Kernstücke eines verbesserten Managements sind:

* mehrjährige Wiederauffüllungs- und Bewirtschaftungspläne,
* Anwendung des Vorsorge- und Ökosystemansatzes,
* Verbesserung der Kontrolle,
* stärkere Einbeziehung aller Beteiligten (insbesondere Fischer, Verarbeitungsindustrie, Verbraucher- und Umweltverbände) in die Entscheidungsprozesse (Quelle: ⇒ www.portal-fischerei. de, ein Angebot des Bundesministeriums für Verbraucherschutz, Ernährung und Landwirtschaft).

4. Arbeitsmarkt für maritime Berufe

Wie schon aus Kapitel 2 hervorgegangen ist, zeigt sich der Arbeitsmarkt im maritimen Bereich nicht einheitlich. Während die Seeschifffahrt verzweifelt qualifiziertes Personal sucht und die Karrierechancen hier ausgezeichnet sind, ist die Beschäftigung im Schiffbau trotz guter Auftragslage weiterhin rückläufig. Einige Zahlen und Tendenzen in ausgewählten Bereichen geben einen groben Überblick über den derzeitigen Stand.

4.1 Arbeitsmarkt Schifffahrt

Wie der Verband Deutscher Reeder in seinem Jahresbericht 2004 feststellt, hat sich die Zahl der Seeleute im Vergleich zum Vorjahr nur leicht erhöht. Konkret sah die Lage so aus:
- Insgesamt fuhren 11.275 Seeleute mit deutscher Sozialversicherung auf Handelsschiffen (2003: 11.105).
- 4.428 (4.406) fuhren als deutsche Kapitäne und Schiffsoffiziere,
- 701 (689) als ausländische Offiziere,
- 3.414 (3.390) als deutsche Schiffsleute und
- 2.732 (2.620) als ausländische Schiffsleute.

Der Anteil deutscher Seeleute ist weiter von 70,2 auf 69,6 Prozent gefallen.

Die Zentrale Heuerstelle

Als Vermittlungsstelle hat sich die Zentrale Heuerstelle Hamburg (ZHH) bei der Arbeitsagentur Hamburg etabliert. Durch die Zusammenlegung der regionalen Heuerstellen im Jahr 2003 hat sich sowohl die Zahl der Bewerber als auch die der zu besetzenden Stellen erhöht. Die Reeder nutzen die ZHH deutlich intensiver als vorher die dezentralen Stellen. Wer das richtige Alter und die passende Befähigung hat, wird schnell vermittelt. Reeder werben mit besonderen Konditionen, wie höherer Heuer und mehr Urlaub, um qualifiziertes Personal zu bekommen. Älteren Bewerbern oder solchen, die längere Zeit an Land gearbeitet haben, fehlen dagegen die nötigen Zertifikate, sie erfüllen daher meist nicht die Anforderungen der Reederein. Als Hemmschuh erweist sich leider auch, dass vielen Absolventen von Studiengängen an Fachhochschulen der Schiffsmechanikerbrief fehlt – eine Ausbildung, die lange Jahre zu den unbedingten Voraussetzungen für eine Karriere an Bord galt. Obwohl diese Absolventen während ihres Studiums mindestens zwei Praxissemester auf Schiffen absolviert haben, wird dieser Praxisanteil offenbar von den Reedern nicht voll anerkannt. Es ist allerdings zu hoffen, dass sich diese so genannten Studiengänge mit integriertem Praxissemester als gleichwertig durchsetzen.

Die gegenwärtige günstige Arbeitsmarktlage vor allem für Schiffsoffiziere wird nicht nur dadurch hervorgerufen, dass – wie bereits erwähnt – deutsche Reeder viele ihrer Schiffe zurückflaggen (wollen) und dadurch großer Bedarf an deutschen Schiffsleitungen entsteht. Denn laut Schiffsbesetzungsverordnung aus dem Jahr 2004 gelten für Schiffe unter deutscher Flagge folgende Regeln:

So müssen deutsche Schiffe besetzt werden
- *Der Kapitän muss deutscher Staatsbürger sein.*
- *Die Schiffsoffiziere müssen deutsche oder (Alt-)EU-Staatsbürger sein.*
Wenn sich keine geeigneten Offiziere finden und solche aus Drittländern eingestellt werden, müssen je Offizier zwei Ausbildungsstellen geschaffen werden, und zwar
  - *eine Ausbildungsstelle für einen Schiffsmechaniker und wahlweise*
  - *eine für Praktikanten Schiffbetriebstechnischer Assistent, Facharbeiter der Metall- oder Elektrotechnik für Offiziersassistenten, Praktika für Studenten einer Fachhochschule oder für Praktikanten aus der Marine.*
- *Schiffsmechaniker sind ausreichend auf dem Arbeitsmarkt vorhanden. Es können auch Ausländer eingestellt oder ein Schiffsmechaniker durch zwei Schiffsmechaniker-Azubis ersetzt werden.*

Beispiel: Für ein Schiff über 8.000 BRZ schreibt die Schiffsbesetzungsverordnung vor, dass der Kapitän zwingend Deutscher sein muss und außerdem ein Offizier, ein Schiffsmechaniker (mit den genannten Einschränkungen) sowie ein weiteres Besatzungsmitglied im Decks- oder Maschinendienst aus der EU bzw. dem EWR kommen.

Auf die Nachfrage wirkt sich außerdem günstig aus, dass etwa die Hälfte der derzeit rund 7.000 aktiven nautischen und technischen Offiziere 50 Jahre und älter ist und demnächst in den Ruhestand treten wird. Dazu kommt, dass jüngere Schiffsoffiziere oft nur wenige Jahre zur See fahren und dann in einen regelmäßigeren Job an Land oder im Hafenbetrieb wechseln.

Vor allen wurden gesucht (Stand Februar 2005):
- Erste Nautische Offiziere,
- Nautische Wachoffiziere,
- Nautische Offiziere bis BRZ 6.000,
- Leiter der Maschinenanlage,
- Zweite Technische Offiziere und
- Technische Wachoffiziere.

Auf die einzelnen Berufsbilder gehen wir im nächsten Kapitel näher ein.

Der Mangel an ausreichend befähigten Offizieren trifft die Schiffsbetriebstechnik härter als den nautischen Bereich. Gesucht werden also vor allem Schiffsingenieure, die in erster Linie die Maschine und das dazugehörige Personal betreuen. Das Missverhältnis zeigt sich auch in den Befähigungszeugnissen für Offiziere, die 2003 ausgestellt wurden: Während 155 junge Nautische Wachoffiziere ihr Zeugnis bekamen, waren es nur 83 Technische Wachoffiziere. Dazu kommt, dass gerade für Techniker auch an Land interessante Jobs angeboten werden – in Inspektionen, im Sicherheitsbereich, in Versicherungen, der See-Berufsgenossenschaft und Behörden. Dadurch erhöht sich der Mangel noch.

Frauen an Bord

Seemann ist nach wie vor ein typischer Männerberuf. Zwar werden an deutschen Seefahrtschulen gegenwärtig so viele junge Frauen wie nie zuvor ausgebildet, ihr Anteil am Personal – vor allem am Führungspersonal – ist allerdings gering. Und das, obwohl sich die wenigen, die es geschafft haben, durchaus bewähren und ein Vorbild für andere Mädchen und junge Frauen sein könnten. Der Grund: Die körperlichen Anforderungen vor allem in der Ausbildung an Bord sind zwar hoch, können aber von Frauen durchaus bewältigt werden. Und in Führungspositionen können Frauen ihre besonderen Stärken, wie Teamfähigkeit, Einfühlungsvermögen und Kompromissfähigkeit, gut gebrauchen. Der größte Hinderungsgrund für Mädchen, einen seemännischen Beruf zu ergreifen, sind daher nicht die fehlenden Muskeln, sondern traditionelle Vorurteile gegen weibliche Besatzungsmitglieder.

Auch Reederein sind zurückhaltend bei der Einstellung von Frauen für die Bordarbeit. So verwundert es nicht, dass ein

Blick auf die Statistik (aus dem Jahr 2004) zeigt, dass 44 weiblichen Kapitänen sowie Technischen und Nautischen Offizieren 255 Frauen im Wirtschaftsbereich – vor allem auf Fahrgastschiffen – gegenüberstehen. Natürlich ist die Vorstellung, für sehr lange Zeit auf engstem Raum überwiegend mit Männern aus aller Herren Länder zusammenzuleben, für viele interessierte Frauen eher abschreckend. Wem das alles indes nichts ausmacht, wer sich zugleich durchsetzen und ins Team integrieren kann, der findet an Bord auch als Frau einen interessanten und dauerhaften Arbeitsplatz.

So viele Frauen arbeiten an Bord

Bordstellung	Deutsche	Ausländer	Insgesamt
Kapitän/Schiffsführer	4	0	4
Nautischer Offizier	35	0	35
Technischer Offizier	5	0	5
Offiziersassistent	1	0	1
Facharbeiter Deck	6	0	6
Fachkraft Deck	2	0	2
Hilfskraft Deck	10	1	11
Facharbeiter Maschine	1	0	1
Schiffsmechaniker	11	1	12
Auszubildende zum Schiffsmechaniker	11	0	11
Sonstige	165	10	175
Fahrende Unternehmerin/Ehegattin	13	0	13
Wirtschaftspersonal	255	62	317
Insgesamt	519	74	593

Stand: September 2004, Quelle: See-Berufsgenossenschaft

Ausbildung auf See

Nach Auskunft des Verbandes Deutscher Reeder war 2004 auch ein gutes Jahr für die Ausbildung. Die vielfältigen Bemühungen um Berufsnachwuchs tragen Früchte: Insgesamt haben 2004 deutlich über 500 junge Leute begonnen, einen Schifffahrts-Beruf zu lernen bzw. zu studieren, und zwar:

• 215 Schiffsmechaniker-Auszubildende (2003: 166),
• 29 (27) Offiziersassistenten,
• 68 (51) Fortbildungen zum Schiffsmechaniker,
• 24 (0) Seeleute der Marine auf dem Weg in die zivile Seefahrt,

- 146 (123) Praktikanten von Fachhochschulen (nautische Studiengänge) sowie 5 (4) von schiffstechnischen Studiengängen,
- 28 (28) Schiffsbetriebstechnische Assistenten der Fachschule Cuxhaven.

4.2 Arbeitsmarkt Schiffbau

Weit weniger rosig ist die Lage im Schiffbau. Seit 2002 hält ein ungebremster Arbeitsplatzabbau an: Von September 2002 bis September 2003 wurden mehr als 1.100 Arbeitsplätze – das sind 5,1 Prozent – gestrichen, im gleichen Zeitraum von 2003 bis 2004 nochmals knapp 1.100 (5,3 Prozent). Damit gab es in deutschen Werften 2004 noch insgesamt 19.600 Arbeitsplätze, davon gut 14.600 im Westen und knapp 5.000 im Osten der Republik. Und das, obwohl weder Auftragslage noch Auslastung als schlecht bezeichnet werden können. Arbeitsplätze werden vorrangig bei Zusammenschlüssen von Werften eingespart. Beispiel: Die Ake Warnow Werft in Rostock. Hier gingen fast 12 Prozent der Arbeitsplätze verloren, als sie mit der Ake Werft in Wismar zur Aker Ostsee zusammengelegt wurde. Besonders drastisch wird das Bild, wenn man Vergleichszahlen aus dem Jahr 1990 hinzuzieht: Vor allem die Ost-Werften haben gründlich Federn lassen müssen – von ehemals 30.500 Mitarbeitern sind ganze 5.000 übrig geblieben. Im Westen ging es weniger steil bergab: 59.300 zu 19.600 (Quelle: Institut Arbeit und Wirtschaft, Universität Bremen – IAW).

Betrachtet man die Struktur der Branche, so fällt auf, dass rund 80 Prozent aller Menschen in sieben großen Werftengruppen tätig sind.

Werftengruppe	Anzahl Beschäftigte	Anteil (in %)[1]
ThyssenKrupp	6.500	33
Jos. L Meyer	2.600	13
Aker Ostsee	2.380	12
AP Moeller, Dän.	1.210	6
J. J. Sietas KG	1.130	6
Hegemann-Gr.	970	5
Fr. Lürssen Gr.	940	5

1 Anteil an allen Beschäftigten deutscher Werften

17 Werften von 40 sind in diese sieben Gruppen integriert, so dass die Mehrzahl der Werften klein- und mittelständisch organisiert sind. Die Beschäftigung aber wird von den Großen dominiert.

Leider zeichnet das IAB auch für 2005 kein anderes Bild. Eine Befragung von Betriebsräten ergab, dass nochmals mit einem Abbau von 800 Arbeitsplätzen gerechnet werden muss. Diese Entwicklung steht in krassem Widerspruch zur wirtschaftlichen Lage der Unternehmen, da die Branche 2004 einen regelrechten Auftragsboom erlebte: eine Steigerung gegenüber 2003 um 218 Prozent! Ursachen liegen zum Teil in der hohen Arbeitsproduktivität im Schiffbau, zum Teil aber auch darin, dass Werften gerade die arbeitsintensiven Stahlarbeiten zunehmend kostengünstig ins Ausland auslagern.

4.3 Arbeitsmarkt Hafenwirtschaft

Die großen Seehäfen, allen voran Hamburg, sind nicht nur Drehscheiben des internationalen Warenverkehrs, sondern haben auch für die regionale Wirtschaft der betreffenden Gebiete enorme Bedeutung. Nicht selten gehen von den Häfen Wachstumsimpulse für die gesamte Region aus. So sind in Hamburg rund 145.000 Arbeitsplätze an die Leistungen des Hafens gebunden. Mehr als ein Drittel der Beschäftigten wohnen in Niedersachsen und Schleswig-Holstein. Die Bremischen Häfen sichern ebenfalls mehr als 80.000 Arbeitsplätze, die zu 40 Prozent mit Mitarbeitern aus Niedersachsen besetzt sind.

Beispiel Eurogate GmbH mit Sitz in Bremerhaven und Hamburg: Eurogate ist Europas führende Container-, Terminal- und Logistik-Gruppe. Gemeinsam mit Contship Italia betreibt sie Seeterminals an der Nordsee, im Mittelmeerraum und am Atlantik. In Deutschland hat sie Standorte in Bremerhaven und Hamburg. Ihr Geschäftssitz ist Bremen. Insgesamt beschäftigt das Unternehmen in Deutschland 3.400 Menschen. Allein im Hamburger Hafen ist sie mit folgenden Firmen vertreten:
• Container Terminal Hamburg GmbH,
• Eurogate Intermodal GmbH,
• Eurogate City Terminal GmbH,
• Eurogate IT Services GmbH,
• Eurogate Technical Services GmbH,
• Eurogate Terminal GmbH,

- Eurogate Distribution GmbH,
- Peute Speditions GmbH,
- Remain GmbH Container-Depot and Repair,
- Swop Seaworthy Packing GmbH.

Bremerhaven ist aufgrund seiner verkehrsgeografisch günstigen Lage an der Mündung der Weser in die Nordsee ideal als Umschlagplatz. Die Stromkaje des Containerterminals Wilhelm Kaisen gilt mit 3.300 Metern als die längste der Welt. Hier können auch riesige Containerschiffe der Postpanamax-Generation abgefertigt werden. Bremerhaven verfügt zudem über leistungsfähige Hinterlandverbindungen zum Weitertransport der Waren in die europäischen Wirtschaftszentren. Zwei Drittel der Waren werden im Containerfernverkehr auf Schiene transportiert. Zudem verbinden tägliche Feederschiffverkehre in Nord- und Ostsee Bremerhaven mit Skandinavien und Nordeuropa. An den Eurogate Container Terminal Bremerhaven (CTB) schließt direkt das North Sea Terminal (NTB), ein Joint Venture von Maersk Sealand und Eurogate, an. Folgende Firmen von Eurogate befinden sich in Bremerhaven:
- Eurogate Container Terminal Bremerhaven GmbH,
- MSC Gate Bremerhaven GmbH & Co. KG,
- North Sea Terminal Bremerhaven GmbH & Co. KG,
- Eurogate Technical Services GmbH.

Das Unternehmen bildet junge Leute in zahlreichen Berufen aus:
- Betriebswirt (Akademie der Wirtschaft Bremen),
- Kaufmann für Spedition und Logistikdienstleistung,
- Bürokaufmann,
- Fachkraft für Lagerlogistik,
- Diplom-Wirtschaftsinformatiker (FH, mit Vergütung durch das Unternehmen),
- Fachinformatiker Fachrichtung Systemintegration,
- Kraftfahrzeugmechatroniker,
- Industriemechaniker,
- Mechatroniker,
- Elektroniker Fachrichtung Betriebstechnik.

Eingestellt werden vorwiegend Absolventen kaufmännisch-betriebswirtschaftlich orientierter Studiengänge. 2004 und 2005 wurden bzw. werden Trainees folgender Fachrichtungen eingestellt:
- Diplom-Kaufmann,
- Diplom-Betriebswirt,
- Bachelor und Master betriebswirtschaftlicher Studiengänge,

- Diplom-Wirtschaftsingenieure,
- Architekten.

Vorteile hat, wer sich im Studium schon auf Logistik spezialisiert hat.

Aber auch technische Studiengänge werden nachgefragt, wobei es hier schwierig ist, geeignete Kandidaten zu finden. Gefragte Richtungen sind
- Bauingenieurwesen,
- Maschinenbau,
- Elektronik.

5. Berufsbilder in der Maritimen Wirtschaft

Im folgenden werden einige der typischen und häufigsten Berufe der maritimen Wirtschaft kompakt vorgestellt. Auf die dazu nötigen Ausbildungswege gehen wir konkret in Kapitel 8 noch ein.

5.1 Berufe in der Schifffahrt

Die Mehrzahl der Berufe in der Schifffahrt finden naturgemäß im nassen Element statt. Es gibt aber auch einige, die die Schifffahrt von Land aus steuern und erst ermöglichen. In den nun folgenden Beschreibungen wird aus Platzgründen und der Einfachheit halber grundsätzlich auf die weibliche Berufsbezeichnung verzichtet.

Schifffahrtskaufmann

Aufgaben

Schifffahrtskaufleute übernehmen den Transport von Gütern aller Art auf dem Seewege. Zunehmend befassen sich Schifffahrtskaufleute auch mit logistischen Aufgaben und organisieren Transporte von Haus zu Haus. Sie stehen in weltweitem Kontakt mit Kunden, Lieferanten, Bordpersonal sowie mit allen übrigen Dienstleistern der Seeverkehrs- und Hafenwirtschaft. Zudem sind sie für die Ausrüstung, den Betrieb und die Suche nach Besatzung für Seeschiffe verantwortlich.

Einsatzgebiet

Ihr Arbeitsplatz liegt in der weitläufigen Organisation eines Reedereibetriebes (Linienfahrt, Trampfahrt) oder im Betrieb eines Schiffsmaklers (Linienagent, Klarierungsagent, Befrachtungsmakler).

Ausbildung

Die duale Ausbildung dauert drei Jahre und kann in der Fachrichtung Linienfahrt oder Trampfahrt absolviert werden. Neu seit 2004: Die Anforderungen an Englischkompetenzen sind ebenso gestiegen wie die in den Bereichen Logistik, Informations- und Kommunikationstechnik, Controlling und Umweltschutz. Grundlegende Qualifikationen wie Kommunikationsfähigkeit, Teamfähigkeit, Lernfähigkeit werden ausdrücklich als Ausbildungsziele formuliert.

Verkehrsfachwirt für Schifffahrt

Aufgaben

Verkehrsfachwirte üben leitende Tätigkeiten im mittleren Management von Schifffahrtsunternehmen aus. In Abstimmung mit Vorgesetzten entscheiden sie über Ziele des Unternehmens, Entwicklungsstrategien und Vorgehensweisen. Sie sind für Planung, Durchführung und Überwachung von Transportaufträgen verantwortlich, beschaffen Aufträge, wählen Routen und behalten wirtschaftliche Kriterien wie Preise und Termine im Auge. Sie teilen die unterstellten Mitarbeiter ein und leiten sie an.

Einsatzgebiete

Verkehrsfachwirte arbeiten in Speditionen, Reedereien und Schiffsmaklerbüros.

Ausbildung

Es handelt sich um eine Fortbildung, die lediglich Berufspraxis in einem Verkehrsunternehmen voraussetzt. Günstig ist aber, einen entsprechenden Beruf wie Schifffahrtskaufmann gelernt zu haben. Die Prüfung zum Verkehrsfachwirt findet vor der Industrie- und Handelskammer (IHK) statt. Die Ausbildung findet meist berufsbegleitend statt und dauert ein bis zwei Jahre.

Schiffsmakler

Aufgaben

Fracht- oder Schiffsmakler, im internationalen Sprachgebrauch auch als ship broker bezeichnet, sind meist als Vertreter einer Reederei mit der Vermittlung von Schiffsraum, Ladungen und Liegeplätzen oder sonstigen Interessen des Unternehmens beauftragt. Oft spezialisieren Sie sich auf ganz bestimmte Aufgabenbereiche, etwa als Handels- oder Befrachtungsmakler auf die Vermittlung von Frachtverträgen oder auf den Abschluss von Kaufverträgen für Seeschiffe. Klarierungsagenten in der Trampfahrt übernehmen dagegen Aufgaben als Handelsvertreter. Die Tätigkeiten umfassen dann zum Beispiel die Abwicklung der Hafenkosten, die Formalitäten beim Ein- und Auslaufen eines Schiffes im Auftrag des Reeders, das Koordinieren von Lade- oder Löscharbeiten sowie das Abrufen beziehungsweise Abliefern von Fracht bei den Empfängern.

Im Bereich der Linienfahrt gibt es Parallelen: Auch dort nehmen Schiffsmakler Aufgaben als Handelsvertreter wahr, das heißt, sie bewerkstelligen Klarierungsgeschäfte, Ladungsakquise und -buchungen für den beauftragenden Reeder.

Ausbildung

In der Regel ist eine abgeschlossene Berufsausbildung als Schifffahrtskaufmann der Fachrichtung Trampfahrt (Trampreederei, Schiffsmakler) besonders geeignet. Zugang haben nach Einarbeitung auch Schifffahrtskaufleute mit der Ausbildung in der Fachrichtung Linienfahrt (Linienreederei, Linienagent). Auch andere kaufmännische Berufe, wie Versicherungs- oder Bankkaufleute, Fachkräfte aus der Seeschifffahrt, oder aus anderen Bereichen, wie Verkehrswirtschaft, Gütertransport, Handel, Großhandel und Außenhandel, sind nach entsprechender Einarbeitung geeignet.

Reeder

Aufgaben

Reeder sind Leiter von Schifffahrtsunternehmen innerhalb der Deutschen Handelsflotte. Sie sind Besitzer meist moderner, hoch technisierter und sehr teurer Schiffe. Zu ihren Aufgaben zählt die Disposition und Einsatzplanung im Reedereigeschäft, also Akquise von Ladung, das Chartern und Verchartern von Schiffen, die Personalplanung und -beschaffung, das Optimieren von Transportabläufen, Vertragsverhandlungen, die Zertifizierung und Beaufsichtigung von Schiffsneubauten u. a. m.

Ausbildung

Meist wird ein abgeschlossenes betriebswirtschaftliches Studium benötigt oder, aufbauend auf eine Berufsausbildung als Schifffahrtskaufmann, eine Weiterbildung im betriebswirtschaftlichen Bereich, zum Beispiel zum Betriebswirt für Logistik oder Verkehrsfach- bzw. -betriebswirt. Auch spezifische Studiengänge, wie „Reedereilogistik/Reedereimanagement" der Seefahrtschule Leer (Fachhochschule Oldenburg, Ostfriesland, Wilhelmshaven), bereiten optimal auf diesen Karriereweg vor. Allerdings gehört schon einiges an Berufserfahrung dazu, um eine Reederei im harten internationalen Transportmarkt erfolgreich führen zu können.

Schiffsmechaniker

Aufgaben

Er hat an Bord seemännische und technisch-handwerkliche Arbeiten durchzuführen, ist also gleichermaßen im Brücken- wie im Maschinendienst tätig. Konkret hat er folgende Aufgaben. Er

- überwacht und inspiziert, bedient und wartet die Maschinen und Anlagen an Bord,
- ermittelt und kontrolliert die Daten für den Schiffsbetrieb,
- findet und beseitigt Fehler und Störungen an Maschinen und Aggregaten,
- arbeitet mit Tauwerk, macht das Schiff los und fest, bedient das Ankergeschirr, bringt die Gangway ein und aus,
- übernimmt sämtliche Lagerarbeiten wie die Vorbereitung von Laderäumen und Tanks, Handhaben und Sichern von Ladungsgütern, Bedienen der Ladungs- und Umschlagseinrichtungen,
- ist für den Betrieb von Geräten und Anlagen zur Brandabwehr und für Rettungsdienst zuständig.

Ausbildung

Die breit angelegte Qualifikation macht den Schiffsmechaniker auf allen Schiffstypen mit unterschiedlicher technischer Ausstattung gleichermaßen einsetzbar. Sie dauert drei Jahre. Neu: Die Schiffsmechanikerausbildung kann seit August 2004 auch auf zugelassenen Schiffen unter einer Drittlandflagge stattfinden. Der fertige Schiffsmechaniker kann auch auf deutschen Schiffen unter fremden Flaggen eingesetzt werden (siehe auch Kapitel 8).

Technischer Schiffsoffizier

Aufgaben

Technische Schiffsoffiziere sind die Ingenieure an Bord von Handelsschiffen. Sie sind in erste Linie für die Sicherheit und den reibungslosen Betrieb der Maschinen und Anlagen auf dem Schiff zuständig. Maschinenanlagen und technische Systeme auf heutigen Seeschiffen sind mit ihren zahlreichen technischen Hilfs- und Nebenaggregaten Kraftwerke, die in der Vielfalt ihrer Funktionen so kompakt an Land kaum anzutreffen sind. Sie sorgen für den Antrieb des Schiffes, die Steuerung sowie die Stromversorgung der Navigations- und Funkeinrichtungen, der Lade- und Sicherheitseinrichtungen, für die Frischwasserversorgung und Abwasseraufbereitung. Auch die Klimatisierung, die sanitäre Einrichtung und Stromversorgung des Wohn- und Freizeitbereiches fällt in den Bereich der Maschinenanlage eines Seeschiffes. Auf See sind die meisten dieser Anlagen Tag und Nacht in Betrieb.

Technische Schiffsoffiziere, die meist als Schiffsingenieure bezeichnet werden, sind für die ständige Überwachung, Instandhaltung, Planung und regelmäßige Wartung der Maschinensysteme zuständig. Sie nehmen Anlagen und Systeme in Betrieb, kontrollieren ihre Funktion und beseitigen Fehler. Hinzu kommt die Verwaltung der Ersatzteile, von Werkzeugen und Material und deren Pflege. Schiffsingenieure haben zudem aktive Aufgaben in allen Bereichen der Schiffssicherheit – sei es in der Brandbekämpfung oder dem Rettungsbootsdienst – und sorgen für den Arbeitsschutz und auch die Ausbildung in ihrem Aufgabenbereich. Hierbei ist üblicherweise der 2. Ingenieur der direkte Vorgesetzte des Maschinenpersonals und verantwortlich für die Organisation und Planung der Arbeit und Aufgaben, während dem 3. Ingenieur, auch als Wachingenieur bezeichnet, meist einzelne Anlagen oder Systeme unterstellt sind.

Ausbildung

Um das erste Befähigungszeugnis als „Technischer Wachoffizier" – die unterste Offiziersstufe – zu bekommen, muss man einen schiffstechnischen Studiengang an einer Fachhochschule oder Fachschule für Schiffsbetriebstechnik absolvieren. Danach muss 12 Monate als Technischer Wachoffizier zur See gefahren werden, um das Befähigungszeugnis „2. Technischer Offizier" zu erhalten. Nach weiterer Seefahrtzeit von 24 Monaten als 2. Technischer Offizier oder Technischer Wachoffizier erhält man das Befähigungszeugnis „Leiter der Maschinenanlage", auch Leitender Technischer Offizier oder „Chief" genannt. In dieser Funktion ist er Experte und Autorität für alle Fragen des technischen Schiffsbetriebs und berät und unterstützt den Kapitän in diesem Gebiet (siehe auch Kapitel 8).

Nautischer Schiffsoffizier

Aufgaben

Nautische Schiffsoffiziere – auch Nautiker genannt – haben ihren hauptsächlichen Arbeitsplatz auf der Brücke eines Schiffes, von wo aus sie es navigieren und in Vertretung des Kapitäns rund um die Uhr fahren, also die Seewache gehen. Während der Liegezeit des Schiffes im Hafen überwachen Nautiker während der Hafenwache die Lade- und Löscharbeiten.

Der 1. nautische Offizier ist Stellvertreter des Kapitäns und direkter Vorgesetzter der Wachoffiziere sowie des Decks-, Küchen- und Bedienungspersonals. Ihm ist meist die Verantwortung für die Ladung des Schiffes, die Instandhaltung an Deck und die Sicherheitsausrüstung übertragen. Zudem ist er zuständig für die Einteilung der Schichten, für Sicherheit und Gefahrenabwehr an Bord und für die Organisation der Arbeiten an Deck. Er beteiligt sich an der See- und Hafenwache und assistiert dem Kapitän während des Manövrierens.

Die nautischen Wachoffiziere, meist ein 2. Offizier und ein 3. Offizier, unterstützen den 1. Offizier bei seinen Aufgaben. Sie sind zuständig für die praktische Überwachung und Verwaltung der Sicherheitseinrichtungen, der Rettungsboote und Feuerschutzeinrichtungen sowie für die Ausbildung der Besatzung in der Schiffssicherheit und Gefahrenabwehr. Sie kümmern sich auch um die Gesundheitspflege an Bord und das Schiffshospital, in dem erkrankte oder verletzte Besatzungsmitglieder versorgt werden. Nautiker sorgen für die Pflege und Instandhaltung der Navigationseinrichtungen der Brücke sowie der nautischen Literatur und der Seekarten. Sie teilen sich mit dem 1. Offizier die See- und Hafenwache.

Ausbildung

Wie beim Technischen Offizier verläuft die Karriere über einen Fachhochschul- oder Fachschulabschluss, mit dem man das Befähigungszeugnis „Nautischer Wachoffizier" erhält. Nach 12 Monaten Seefahrtzeit als Nautischer Wachoffizier bekommt man das Befähigungszeugnis „Erster Offizier", nach weiteren 12 Monaten Fahrt als 1. Offizier oder nach 24 Monaten als Wachoffizier erhält man das Befähigungszeugnis „Kapitän" (siehe auch Kapitel 8).

Was sind Befähigungszeugnisse?

Es gibt in Deutschland nur noch zwei Arten von Befähigungszeugnissen, die erworben werden können: Sowohl technisch als auch nautisch gibt es das unbegrenzte Befähigungszeugnis, das für Schiffe aller Größen und Fahrtgebiete sowie aller Maschinenleistungen gilt, und eines, das begrenzt ist auf kleine Schiffe (500 BRZ) in der nationalen Fahrt und auf Maschinenleistungen bis 750 Kilowatt. Der Einsatzbereich für Nautiker und Schiffsbetriebstechniker mit diesem eingeschränkten Befähigungszeugnis ist sehr begrenzt.

Kapitän

Aufgaben

Der Kapitän trägt als Leiter des gesamten Schiffsbetriebes die Verantwortung dafür, dass dieser sicher, wirtschaftlich, umweltschonend und in Übereinstimmung mit nationalen und internationalen Vorschriften und Gesetzen funktioniert. Dies kann er nicht alleine erreichen, daher gibt es die Ressortleiter für den Decks- und den Maschinenbetrieb, den Chief und den 1. Offizier sowie die nautischen und technischen Schiffsoffiziere. Ein effektiver Schiffsbetrieb wird nur durch eine gute Zusammenarbeit aller Besatzungsmitglieder erreicht. Dies durch umsichtige Personalführung zu erreichen, ist ebenfalls die Verantwortung des Kapitäns. Er ist der Stellvertreter des Reeders an Bord und leitet den Betrieb „Schiff".

Zu einem Schwerpunkt seiner Aufgaben zählt das Führen und Fahren des Schiffes in besonderen Situationen, wie das An- und Ablegen, Ein- und Auslaufen in und aus Häfen – die so genannte Manöverfahrt – sowie die Unterstützung der Wachoffiziere unter anspruchsvollen Bedingungen. Ein Kapitän befindet sich nicht ständig auf der Brücke, denn das Fahren des Schiffes auf See – die Seewache – gibt er in die Hände der Wachoffiziere.

Ausbildung

Zum Kapitän kann man bei Vorhandensein von Persönlichkeit, Qualifikation und dem geeigneten Befähigungszeugnis vom Reeder ernannt werden. Kapitäne gehen aus den nautischen Schiffsoffizieren hervor (siehe auch Kapitel 8).

Schiffsbetriebsoffizier

Aufgaben

In den kombinierten nautischen und technischen Patenten der Schiffsbetriebsoffiziere (SBO) sind die sonst getrennten Qualifikationen und Befähigungszeugnisse für den nautischen und technischen Bereich und damit auch die entsprechenden Aufgabenstellungen der Bereiche Deck und Maschine zusammengefasst. Erfahrenen SBO – die auch das Kapitänspatent innehaben – überträgt der Reeder bzw. die Reederin die Schiffsführung, so dass sie auch die Rolle des Kapitäns übernehmen können. Als Schiffsbetriebsleiter können sie Schiffe aller Größen und mit uneingeschränkter Maschinenleistung in allen Fahrtgebieten verantwortlich führen. Möglich wird diese Verschmelzung vor allem dadurch, dass die Kommandobrücken moderner Schiffe Kommunikationszentralen sind, von denen aus viele Bereiche elektronisch gesteuert und überwacht werden können.

Ausbildung

Schiffsbetriebsoffizier wird man über die Ausbildung zum Schiffsmechaniker oder Schiffsbetriebsoffiziersassistent. Danach beginnt ein vierjähriges Fachhochschulstudium „Schiffsbetrieb". Nach ausreichender Fahrtzeit und persönlicher Eignung kann ein Schiffsbetriebsoffizier zum Kapitän und Leiter von Maschinenanlagen ernannt werden. Ausbildung und Studiengang fassen die wesentlichen Inhalte der bisherigen Werdegänge zum nautischen Schiffsoffizier/Kapitän und Schiffsingenieur zusammen.

Binnenschiffer

Aufgaben

Binnenschiffer befahren Binnenwasserstraßen, wie Flüsse, Kanäle und Seen. Sie wirken bei der Schiffsführung mit, indem sie Tätigkeiten beim An- und Ablegen übernehmen und das Schiff steuern. An Deck und im Maschinenraum sind sie flexibel einsetzbar für Reinigung, Pflege, Reparatur, Wartung und Instandhaltung. Sie wirken beim Laden und Löschen von Gütern mit, betreuen Fahrgäste und bereiten Speisen für die Besatzung, gegebenenfalls auch für Fahrgäste zu. Bei Unfällen können sie erste Hilfe leisten.

Einsatzgebiete

Sie arbeiten in Betrieben der Güter- und Personenbeförderung, in der Binnenschifffahrt und in Binnenhafen-Betrieben und -behörden. Dabei sind sie in allen Bereichen des Schiffes tätig, sowohl an Deck als auch im Maschinenraum, im Frachtraum, im Führerstand und in den Passagierbereichen.

Ausbildung

Die duale Ausbildung dauert 3 Jahre. Ab 1. August 2005 gibt es eine Ausbildungsordnung. Die Ausbildungsinhalte reichen von Nautik über Schiffsbetriebstechnik bis hin zur Maschinen- und Motorentechnik. Die Ausbildung endet mit der erfolgreich bestandenen Matrosenprüfung. In Deutschland gibt es zurzeit noch zwei Schifferberufsschulen. Die größte und modernste Schule ist das Schiffer-Berufskolleg in Duisburg-Homberg. Eine weitere befindet sich in Schönebeck bei Magdeburg.

Matrose in der Binnenschifffahrt

Aufgaben

Matrosen in der Binnenschifffahrt wirken mit bei der Schiffsführung, steuern beispielsweise Binnenschiffe und übernehmen Tätigkeiten beim An- und Ablegen. Sie führen Reinigungs-, Pflege-, Reparatur-, Wartungs- und Instandhaltungsarbeiten an Deck und im Maschinenbereich durch. Außerdem wirken sie mit beim Laden und Löschen (Entladen) von Gütern. Auf Passagierschiffen betreuen sie die Fahrgäste und kontrollieren Fahrscheine.

Ausbildung

Matrosen in der Binnenschifffahrt haben in der Regel einen Berufsabschluss als Binnenschiffer. Auch Fachkräfte mit entsprechenden handwerklich-technischen Ausbildungen können bei entsprechender Einarbeitung und Berufspraxis als Matrosen arbeiten.

Decksmann

Aufgaben

Decksleute helfen bei allen Arbeiten, die auf Deck während der Fahrt sowie im Hafen anfallen. Sie machen Schiffe und Schlepper fest oder von diesen los und verankern Bojen. Sie helfen beim Beladen und Löschen von Schiffen und reinigen Laderäume und Tanks. Sie setzen Flaggen und holen sie ein und führen Wachdienste durch. Sie helfen aber auch bei der Schiffsführung selbst mit, indem sie zum Beispiel das Schiff nach Kompass steuern. Außerdem sind sie bei Wartungs- und Instandsetzungsarbeiten mit dabei: Sie sind beispielsweise für die Pflege von Tauwerk verantwortlich, führen Konservierungs- und Anstricharbeiten durch. Für die Arbeit an Deck müssen sie über eine gute körperliche Konstitution verfügen, da sie allen Witterungsverhältnissen ausgesetzt sind und zum Teil schwere körperliche Arbeit verrichten. Das Bordleben stellt auch an das Sozialverhalten hohe Anforderungen.

Ausbildung

Eine Ausbildung wird nicht vorausgesetzt. Häufig werden für den Zugang zur Tätigkeit jedoch einschlägige Berufserfahrung im Decksbetrieb und gültige Papiere gemäß den Anforderungen an die seemännische Ausbildung nach dem internationalen Standard STCW 95 gewünscht. Oft werden Kenntnisse als Koch vorausgesetzt.

Lotse

Aufgaben

Zu den wesentlichen Aufgaben von See- und Hafenlotsen gehören das Entlasten der Schiffsleitung bei der nautischen Führung von Schiffen in einem bestimmten Seelotsenrevier. Schiffsleitungen haben die Pflicht, einen Lotsen anzunehmen. Damit soll die Sicherheit im Schiffsverkehr vor allem in viel befahrenen Gegenden wie Häfen, aber auch in der Nähe von Windkraftanlagen u. ä. erhöht und Gefahr für Schiff und Umwelt abgewendet werden. Als Sicherheitsberater an Bord manövrieren sie Schiffe auf den Seeschifffahrtsstraßen und in den Häfen. Lotsen sind spezialisierte und kompetente Partner des Kapitäns, die für die Bewältigung ihrer verantwortungsvollen Aufgabe langjährige Erfahrung sowie spezifische Kenntnisse des jeweiligen Schiffes und des Reviers benötigen. Innerhalb kürzester Zeit müssen sie sich auf Fahr- und Manövriereigenschaften eines fremden Schiffes einstellen sowie Wetterlage, Strömung und Gezeiten berücksichtigen, bevor sie Anweisungen zur Fahrt und zum Kurs des Schiffes erteilen. Ihre Arbeit findet bei Tag und Nacht und auch bei jedem Wetter statt. Sie sind als Freiberufler in Lotsenbrüderschaften bzw. einer eigenen Reederei organisiert.

Ausbildung

Lotse ist ein Beruf im seefahrtnahen Sekundärbereich, das heißt, wer den Beruf des Lotsen als Ziel verfolgt, muss zunächst die Ausbildung zum Kapitän in der weltweiten Fahrt ohne Einschränkungen in den nautischen Befugnissen durchlaufen. Nach einer Fahrzeit von zwei Jahren mit dem Kapitänspatent ohne Einschränkungen kann man sich bei einer der zuständigen Aufsichtsbehörden (Wasser- und Schifffahrtsdirektionen) für das See- bzw. Hafenlotswesen bewerben.

Insgesamt sind etwa zehn Jahre Fahrenszeit bis zur Bewerbung bei den Lotsen erforderlich, da der Lotse den Schiffsbetrieb und die Zusammenhänge in der Seeverkehrswirtschaft praktisch erfahren und in seiner beruflichen Tätigkeit verantwortlich umsetzen muss. In der Regel wird für den Zugang zur Tätigkeit das Befähigungszeugnis als Kapitän, eine abgeschlossene Spezialausbildung auf einem bestimmten Seelotsrevier als Lotse, sowie eine mehrjährige entsprechende Berufspraxis im Borddienst und bei Lotsungen vorausgesetzt.

Auf Kreuzfahrtschiffen gibt es eine Reihe von zusätzlichen Berufen, die auf Kauffahrteischiffen nicht vorkommen. Hier eine kleine Auswahl:

Hotel Manager

Der Hoteldirektor leitet den gesamten Hotelbetrieb auf dem Schiff, dazu zählen Rezeption (Purser's Office), Housekeeping, Küche, Restaurant und die (meist extra verwalteten) Bars. International ist es in der 5-Sterne-Hotellerie üblich, dass diese Jobs von Deutschen und Österreichern gemacht werden, daneben gibt es noch ganz wenige Franzosen und Engländer.

Chiefpurser

Der Chiefpurser ist der oberste Zahlmeister eines Schiffes, verantwortlich für die Führung aller Konten an Bord und die Erledigung der Hafen, Zoll- und Grenzformalitäten. Das sind übrigens nicht wenige, schließlich wechseln die Schiffe in der Regel alle paar Tage das Land – und fast jeden Tag den Hafen. Die Bezeichnung ist übrigens ein typischer Schiffsjob. Dem Chiefpurser unterstehen je nach Größe des Schiffes ein oder mehrere Assistantpurser, davon mindestens ein Crewpurser, die „Personalabteilung" des Schiffes. Sie unterstützen den Purser bei seinen Aufgaben.

Receptionist

Der „Front Desk" des Hotels ist die Rezeption. Entsprechend stehen Rezeptionisten in der vordersten Front – nämlich direkt vor den Gästen. Die wollen alles von der Rezeption: Informationen, sich beschweren, ihren Pass zurück, die Uhrzeit. Immer nach den Essenszeiten. Und immer alle gleichzeitig. Extrem wichtig neben den fachlichen Qualifikationen und dem Beherrschen von mindestens zwei Fremdsprachen ist unbedingte Höflichkeit und diplomatisches Geschick. Dieser Job wird in der Regel intern besetzt, auch wenn sich die meisten Hotelfachleute direkt auf Receptionist bewerben.

Night Auditor

Der Night Auditor ist ein Job für ruhige Menschen, die sich auch unter seltsamen Umständen konzentrieren können. Er hält nachts den Rezeptionstresen besetzt und bucht alle Kassenabschlüsse (der Bars, der Boutiquen) ins zentrale Buchhaltungssystem ein. Ein bisschen psychologisches Geschick ist meist auch nicht verkehrt: Gäste, die nicht schlafen können, kommen schon mal im Morgenmantel und erzählen aus ihrem Leben.

Ausbildung
Für die Hotel-Administration sind entsprechende Ausbildungen oder Studien im kaufmännischen Bereich mit einer Spezialisierung auf Gastgewerbe/Tourismus erforderlich.

Alle Jobs in der Administration können theoretisch nicht nur mit Hotel-, sondern auch mit Bankkaufleuten besetzt werden. In der Praxis ist dies nur für untere Ränge interessant, die oberen setzen in der Regel Hotelerfahrung voraus.

Cruise Director

Der Cruise Director ist der oberste Reiseleiter an Bord. Er setzt die (z. T. an Land vorbereiteten) Ablaufpläne der „Gesamtshow Kreuzfahrt" um und dirigiert alle Künstler. Eine seiner zentralen Aufgaben ist die Repräsentation. Er ist in allen Belangen der erste Ansprechpartner der Gäste und verantwortlich dafür, dass sie sich wohl fühlen. In der Hierarchie ist er dem Hotel Manager gleichgestellt oder übergeordnet.

Shore Excursion Manager

Er koordiniert die Arbeit der Reiseleiter und ist Ansprechpartner für Gäste und andere Abteilungen des Schiffes. Er übernimmt auf kleineren Schiffen auch selbst die eine oder andere Reisegruppe. Er koordiniert die Landausflüge, führt notwendige Vor-Ort-Buchungen oder Bestätigungen durch und hat ein Auge darauf, dass insgesamt gute Umsätze erzielt werden. Außerdem ist er für die An- und Abreise der Gäste zuständig. Voraussetzungen sind neben touristischer Ausbildung Führungsqualität und Berufserfahrung. Erfolgreiche Shore Ex Manager können intern befördert werden – zum Beispiel zum Cruise Director.

Executive Chief

Küchenchefs müssen starke Persönlichkeiten sein, die in Krisenzeiten auch ein Schlachtschiff kommandieren könnten. Weniger als kreatives Kochen sind Führungsstärke und betriebswirtschaftliches Rechnen ihre Hauptaufgaben: Eine bunte Truppe will perfekt koordiniert und strenge

Kostenvorgaben wollen eingehalten werden. Dafür darf man dann auch auf exotische Märkte: Neben den per Luftfracht eintreffenden Grundnahrungsmitteln wird Frischware wie Fisch gern vor Ort gekauft – gegen Cash. Der Küchenchef gehört zum inneren Führungszirkel des Hotel Managers. Voraussetzungen für diesen Job sind neben einer Ausbildung zum Küchenmeister mehrjährige Berufs- und Führungserfahrung.

5.2 Berufe im Schiffbau und in der Meerestechnik

Von den vielfältigen Berufen und Berufsgruppen, die hier naturgemäß tätig sind, sollen nur die typisch maritimen genannt werden. Berufe, die in jeder anderen Branche auch vorkommen –
wie Sekretärinnen oder Personalverantwortliche – bleiben daher
ungenannt.

Bootsbauer

Aufgaben

Bootsbauer stellen Paddel- und Ruderboote, Kajaks, Segelboote, Motor- und Segeljachten, aber auch kleinere Fischkutter, Barkassen und andere Nutzfahrzeuge der See- und Flussschifffahrt her. Sie fertigen den Schiffsrumpf, übernehmen den Ausbau und den Kajütenaufbau und stellen Masten, Paddel und Ruder her. Auch der Einbau der Antriebsmaschinen, Wellen und Ruderanlagen gehört zu ihrem Aufgabenbereich. Neben dem Neubau von Booten übernehmen sie auch Instandsetzungs- und Überholungsarbeiten und sorgen für den fachgerechten Transport und die Lagerung der Boote während des Winters. Nach der neuen Handwerksordnung können sich Bootsbauer nach erfolgreich abgelegter Meisterprüfung oder sechsjähriger Gesellentätigkeit (davon vier Jahre in leitender Stellung) selbstständig machen.

Einsatzgebiete

Bootsbauer/innen arbeiten in Betrieben des Boots- und Yachtbaus, auf Bootswerften und in Reparaturbetrieben von Booten und Yachten. Ferner sind sie im Bootsverleih und in Bootshäusern beschäftigt. Ihr Arbeitsplatz ist die Werft. Dort sind sie in Werkstätten und auf im Wasser liegenden Booten tätig.

Ausbildung

Die duale Berufsausbildung dauert dreieinhalb Jahre.

Schiffszimmerer

Aufgaben

Für den Neubau und die Reparatur von See- und Flussschiffen fertigen Schiffszimmerer auf der Werft Decksaufbauten, Schiffsleitern und -treppen, Lukendeckel, Rettungsflöße, einfache Schiffseinrichtungen und sonstige Ausrüstungsgegenstände aus Holz an. An Bord sind sie für das seefeste Vertauen der Ladung und für Instandsetzungsarbeiten an der Schiffsausrüstung zuständig. Arbeiten auf Seeschiffen übernehmen sie jedoch nur noch selten.

Einsatzgebiete

Sie arbeiten vor allem auf Werften im Schiffs- und Bootsbau, wo sie in Werkhallen, im Dock oder auf der Helling tätig sind.

Ausbildung

Die duale Berufsausbildung dauert dreieinhalb Jahre.

Konstruktionsmechaniker

Aufgaben

Konstruktionsmechaniker ist ein industrieller Metallberuf. Sie stellen meist große Metallkonstruktionen her. Das können Aufzüge, Kräne und ähnliche Förderanlagen sein, aber auch Brücken, Hallen, Fahrzeugaufbauten, Schiffe oder ganze Bohrinseln. Die Einzelteile dieser Konstruktionen stellen sie zunächst im Betrieb her. Dabei orientieren sie sich an Zeichnungen und Stücklisten. Sie schneiden Stahlträger und Bleche genau nach Maß, kanten sie ab oder biegen sie und bringen Bohrungen an, um sie später verschrauben zu können. Dies kann bei geringen Stückzahlen von Hand durch Brennschneiden oder Sägen geschehen. Wenn hohe Stückzahlen erforderlich sind, kommen häufig CNC-gesteuerte Maschinen zum Einsatz.

Einsatzgebiet

Konstruktionsmechaniker im Schiffbau sind mit der Fertigung, Montage und Konstruktion im Schiff- und Stahlbau befasst. Tätigkeitsfelder sind die Sektionsmontage, das Konstruktionsbüro, die Vor- und Bordmontage, die Arbeitsvorbereitung sowie die Einzelfertigung.

Ausbildung

Die duale Ausbildung dauert dreieinhalb Jahre (siehe auch Kapitel 8).

Boots- und Schiffbaumeister

Aufgaben

Boots- und Schiffbaumeister übernehmen Fach- und Führungsaufgaben bei Herstellung, Ausbau, Umbau, Reparatur, Pflege, Wartung und Lagerung von Booten, Schiffen und anderen Wasserfahrzeugen. So führen sie schwierige Entwurfs, Montage- und Instandhaltungsarbeiten durch, die besonderes Können und langjährige Erfahrungen voraussetzen. Als Werkstattleiter oder angestellte/r Betriebsleiter in Werften verteilen sie die Arbeitsaufgaben an die einzelnen Fachkräfte, leiten sie an, nehmen Aufträge entgegen, koordinieren die Arbeiten, kontrollieren die Einhaltung von Kosten und Terminen, prüfen die Arbeitsergebnisse und sind für Marketing, Planung, Organisation und Kontrolle der Betriebsabläufe verantwortlich. Bei der Ausarbeitung von Angeboten übernehmen sie die kaufmännische und technische Kalkulation. Als Ansprechpartner für die Kunden sorgen sie für eine termin- und fachgerechte Erledigung ihrer Aufträge. Verantwortlich sind sie auch für die Betriebsbereitschaft und den rationellen Einsatz der Maschinen, Geräte und Anlagen. Außerdem sind sie meist für die Ausbildung des Berufsnachwuchses verantwortlich.

Als selbstständige Inhaber von Werften, Boots-, Jacht- und Schiffbaubetrieben entwickeln sie die betrieblichen Grundsätze, bestimmen Art und Umfang der Investitionen, sind für die Personalauswahl verantwortlich und kontrollieren den wirtschaftlichen Erfolg des Betriebes.

Einsatzgebiete

Sie arbeiten in Betrieben des Schiffbau-handwerks, des Boots- und Yachtbaus, Bootswerften, Reparaturbetrieben von Booten und Yachten, daneben auch im Bootsverleih und in Bootshäusern.

Ausbildung

Boots- und Schiffbaumeister wird man durch eine berufliche Fortbildung mit anschließender Meisterprüfung vor der Handwerkskammer. In Vollzeit dauert die Ausbildung rund ein halbes Jahr, in Teilzeit abhängig von der konkreten Form bis zu zwei Jahre.

Schiffbaukonstrukteur

Aufgaben

Konstrukteure in der Schiffbautechnik übernehmen verantwortliche Aufgaben in der Konstruktion und begleiten Projekte von der Konzepterstellung bis zur Produktionsreife. Sie berücksichtigen dabei kundenspezifische Vorgaben sowie Termin-, Qualitäts- und Kostengesichtspunkte. Sie entwerfen und konzipieren Komponenten bzw. komplette Baugruppen nach Vorgaben. Sie erarbeiten Pläne von Bauteilen, berechnen dynamische und statische Belastungswerte und legen die Dimensionierungen und Werkstoffe fest. Sie fertigen die entsprechenden Zeichnungen, erstellen Fertigungsvorgaben und Stücklisten. Die Konstruktionsvorlagen werden zum Teil in Detailkonstruktionen und fertigungsgerechten Zeichnungen weiter umgesetzt. Für die Ausführung von Berechnungen, Simulationen und Zeichnungen arbeiten sie mit Computern und CAD-, CAE- und ähnlichen Systemen.

Einsatzgebiete

Konstrukteure im Schiffbau sind vor allem bei Schiffswerften und in entsprechenden Ingenieurbüros beschäftigt. Außerdem koordinieren und überwachen sie auch auf Werften Fertigungs- und Montagearbeiten.

Ausbildung

Ideal ist eine abgeschlossene Fortbildung als geprüfter Konstrukteur insbesondere der Stahl- und Metallbautechnik. Auch Fachkräfte aus den Bereichen Konstruktion, Technisches Zeichnen oder Schiffbau, des Maschinen- und Anlagenbaus sowie der Elektrotechnik mit entsprechender Qualifikation oder Fortbildung können hier einsteigen.

Schiffbautechniker

Aufgaben

Diese technisch orientierten Fachleute projektieren, entwerfen, berechnen und konstruieren Maschinen sowie Stahl- und Ausrüstungskonstruktionen für Schiffe. Sie erarbeiten die notwendigen Vorgaben für eine wirtschaftliche und termingerechte Fertigung und Montage und übernehmen darüber hinaus die Auftragsabwicklung von Yacht- und Handelsschiff-Reparaturen. Zu ihrem Aufgabengebiet gehört es auch, die Bauausführung zu überwachen und zu optimieren sowie die Qualität der Produkte zu kontrollieren.

Einsatzgebiete

Sie arbeiten in Schiffswerften und Maschinenfabriken, aber auch in Ingenieurbüros für die bautechnische Gesamtplanung. Sie arbeiten häufig im Team mit anderen Technikern und Ingenieuren.

Ausbildung

Passend ist eine Fortbildung zum Techniker im Bereich Maschinentechnik mit Schwerpunkt Schiffbautechnik.

Diplom-Ingenieure für Schiffbau und Schiffbautechnik

Aufgaben

Schiffbauingenieure sind in allen Zweigen der Schiffbauindustrie tätig, die Binnen- und Seeschiffe der verschiedensten Arten und Größen herstellt. Sie entwickeln neue Schiffstypen und -formen, konstruieren die einzelnen Schiffsteile, wie Schiffsrumpf, Aufbauten und Ausrüstungen, testen Schiffsmodelle in maßstabsgerecht verkleinerten Versuchsanlagen, planen und überwachen die Fertigung und Montage und gegebenenfalls auch Umbau- und Reparaturarbeiten. Darüber hinaus können Kostenkalkulation und Vertriebstätigkeiten zu ihrem Aufgabengebiet gehören.

Einsatzgebiete

Sie finden in Werften in den Bereichen Projektierung, Konstruktion und Fertigung, in der Zulieferindustrie und bei Spezial-Stahlbauunternehmen für meerestechnische Konstruktionen Arbeit. Außerdem werden sie in Wasser- und Schifffahrtsämtern, Klassifikationsanstalten (für die Zeichnungsprüfung und Bauaufsicht) sowie bei See-Berufsgenossenschaften gebraucht. Reedereien setzen sie in den Bereichen Inspektion und Bauaufsicht ein. Auch in freien Ingenieurbüros und bei Forschungseinrichtungen (z. B. Schiffbauversuchsanstalten) können sie tätig werden.

Ausbildung

Schiffstechnik kann man an Fachhochschulen und Universitäten studieren. Die Studiengängen haben zum Teil leicht abweichende Bezeichnungen und variieren im Inhalt (mehr dazu in Kapitel 8).

Diplom-Ingenieur für Schiffs- und Meerestechnik

Aufgaben

Sie befassen sich mit Entwurf, Konstruktion und Bau von Schiffen, schwimmenden und tauchenden Geräten sowie ortsfesten Systemen zum Abbau und zur Verarbeitung von Erdöl und Erdgas. Sie entwerfen und konstruieren auch Unterwasserroboter und Fischfanggeräte. Unter Einbeziehung der neuesten technischen Erkenntnisse erarbeiten Schiffs- und Meerestechnikingenieure selbstständig innovative, qualitativ hochwertige und zugleich praktische und wirtschaftliche Lösungen. Spezialsoftware und CAD-Station erleichtern ihnen dabei die Arbeit. Auch der Gewässerschutz, die Ölbekämpfung auf See nach Tankerunfällen und die Erschließung von Offshore-Lagerstätten zählen zu ihren Aufgaben.

Die schiffs- und meerestechnische Forschung hat insbesondere das Ziel, die technischen und wissenschaftlichen Voraussetzungen für die Nutzung der Meere und Binnengewässer durch den Menschen zu schaffen. Einschlägige Themen reichen von der Nutzung der Meere als Nahrungs-, Rohstoff- oder Energiequelle (Wind-, Wellen- und Wärmeenergie) über Schiffs- und Ladungssicherheit bei hohem Seegang bis zu neuen Schiffsantriebssystemen oder Hochleistungskielen. Dazu führen die Ingenieure und Ingenieurinnen häufig realitätsnahe Modellversuche im Windkanal durch.

Funktionen beispielsweise als Fertigungsingenieur, Qualitätsbeauftragter oder als Entwicklungsingenieur für ausgewählte Fertigungsverfahren sowie Fertigungs- und Automatisierungsmittel sind für Schiffs- und Meerestechnikingenieure typisch. Sie können sich auch selbstständig machen, zum Beispiel als beratende Ingenieure. In jedem Fall sind gute englische Sprachkenntnisse unerlässlich.

Einsatzgebiete

Ingenieure der Schiffs- und Meerestechnik sind in der Schiffbauindustrie, in Ingenieurbüros, bei Reedern sowie für die Gewinnung von Erdöl und Erdgas aus küstennahen Meeresgebieten in Offshore-Unternehmen beschäftigt. Im Rahmen von Forschung und Lehre können sie auch an Hochschulen, Instituten und Versuchsanstalten arbeiten.

Ausbildung

Diplom-Ingenieur für Schiffs- und Meerestechnik wird man durch ein Fachhochschul-Studium. Als besonderes Angebot gibt es auch einen dualen Studiengang Schiffbau und Meerestechnik, in das die Berufsausbildung zum Konstruktionsmechaniker integriert ist. Das Studium schließt in diesem Fall mit dem Bachelor of Engineering ab (mehr dazu in Kapitel 8).

5.3 Berufe in der Hafenwirtschaft

Rund um See- und Binnenhäfen hat sich eine Vielzahl von Branchen angesiedelt, die eine Vielzahl von Karrieremöglichkeiten bieten. Eine vollständige Darstellung der möglichen Berufe ist hier nicht möglich. Im Folgenden wird daher nur auf die wichtigsten eingegangen, die zudem einen direkten Bezug zur Schifffahrt haben.

Kaufmann für Spedition und Logistikdienstleistung

Aufgaben

Kaufleute für Spedition und Logistikdienstleistung arbeiten vor allem in den Bereichen Leistungserstellung, Auftragsabwicklung und Absatz und nehmen ihre Aufgaben im Rahmen betrieblicher Anweisungen und der maßgebenden Rechtsvorschriften selbstständig wahr und treffen Vereinbarungen mit Geschäftspartnern. Sie planen und organisieren den Güterversand, den Umschlag und die Lagerung und weitere logistische Leistungen unter Beachtung einschlägiger Rechtsvorschriften und der Belange des Umweltschutzes, steuern und überwachen das Zusammenwirken der an Logistikketten beteiligten Personen und Einrichtungen, besorgen den Versicherungsschutz, berücksichtigen Zoll- und außenwirtschaftliche Bestimmungen, nutzen Informations- und Kommunikationstechnologien, beschaffen Informationen und stellen sie zur Verfügung, korrespondieren und kommunizieren mit ausländischen Geschäftspartnern und Kunden in englischer Sprache und bearbeiten englischsprachige Dokumente, ermitteln Kundenwünsche, beraten und betreuen Kunden, ermitteln und bewerten Leistungsangebote auf dem Transport- und Logistikmarkt, kalkulieren Preise, erarbeiten Angebote und bereiten Verträge vor, bearbeiten Kundenreklamationen und Schadensmeldungen und veranlassen Schadensregulierungen, führen Zahlungsvorgänge und Vorgänge des Mahnwesens durch, wirken bei der Ermittlung von Kosten und Erträgen sowie der kaufmännischen Steuerung mit, beobachten den Markt und wirken an der Weiterentwicklung des Leistungsangebots ihres Unternehmens mit, arbeiten beim Aufbau von Netzwerken zur Zusammenfassung, Beförderung und Auslieferung von Ladungen mit, arbeiten bei der Entwicklung von Logistikkonzepten mit.

Einsatzgebiete

Kaufleute für Spedition und Logistikdienstleistung arbeiten bei internationalen Speditionen, Luftfrachtspeditionen, Kraftwagenspeditionen, Lagerunternehmen sowie Binnenschifffahrtsspeditionen. Sie sind auch in Industrie- und Handelsunternehmen tätig, die logistische Dienstleistungen organisieren, steuern und überwachen.

Ausbildung

Die duale Berufsausbildung dauert drei Jahre.

Fachkraft für Lagerlogistik

Aufgaben

Fachlageristen nehmen Güter an, prüfen anhand der Belegpapiere Richtigkeit und Vollständigkeit der Lieferung, lagern Güter sach- und fachgerecht, sorgen für die richtigen Lagerbedingungen und führen Bestandskontrollen durch. Sie stellen Kommissionen zusammen, wählen geeignete Transportverpackungen aus und planen mit modernen Informations- und Kommunikationssystemen logistische Abläufe. Ihre Arbeitsaufgaben umfassen alle Tätigkeiten der Lagerlogistik.

Einsatzgebiete

Lagerfachkräfte sind in Industrie-, Handels- und Speditionsbetrieben sowie bei weiteren logistischen Dienstleistern tätig.

Ausbildung

Es handelt sich um eine dreijährige duale Berufsausbildung. Seit dem 1. August 2004 ist die neue Ausbildungsordnung für Fachkräfte für Lagerlogistik (vormals Fachkraft für Lagerwirtschaft) gültig.

Diplom-Betriebswirt für Logistik

Aufgaben

Logistik-Betriebswirte sind als Fach- und Führungskräfte für die Steuerung von Material- und Warenflüssen sowie die zugehörigen Informationsflüsse verantwortlich. Ihre Einsatzschwerpunkte liegen in folgenden Bereichen:

- Logistikleistungspolitik und Vertrieb von Logistikleistungen,
- Planung, Steuerung und Disposition der innerbetrieblichen und überbetrieblichen Logistikketten und -prozesse,
- Beschaffungs-, Lagerhaltungs- und Distributionssysteme,
- Rechnungswesen und Logistikcontrolling,
- logistisches Prozessmanagement und Gestaltung von Logistiksystemen,
- Qualitätsmanagement,
- internationales Logistiksystem,
- Personalwesen, Unternehmensorganisation und Logistikconsulting.

Einsatzgebiete

Logistik-Betriebswirte arbeiten sowohl bei Logistikdienstleistern als auch in Industrie- und Handelsunternehmen verschiedenster Branchen und Größen.

Ausbildung

Möglich ist ein duales Studium an Berufsakademien, etwa in Eisenach. Das dreijährige Kompaktstudium vermittelt ökonomisches und juristisches Fachwissen sowie wissenschaftliche Grundlagen und Methoden der berufsorientierten Praxis von Diplom-Betriebswirten. Die Absolventen verfügen über fachliche, soziale und dispositive Kompetenz und sind in der Lage, konsequent betriebswirtschaftlich zu denken und zu handeln sowie interdisziplinäre Problemstellungen zusammen mit Spezialisten anderer Fachgebiete zu lösen. Durch ein fremdsprachliches Lehrangebot werden die Studierenden auf internationale Anforderungen vorbereitet. Die Arbeit in Kleingruppen und problemgesteuertes Lernen fördern darüber hinaus gezielt Schlüsselqualifikationen und Kompetenzen. Außerfachliche Kompetenzen werden in speziellen Seminaren trainiert, z. B. Zeitmanagement, Arbeitsplanung, Rhetorik, Moderation von Gruppen.

Seegüterkontrolleur

Aufgaben

Seegüterkontrolleure fertigen die Ladung von Im- und Exportgütern im Schiff, am Kai und im Lager ab. Sie ermitteln die Maße von Frachtgütern für die Frachtberechnung. Sie kontrollieren Handelsgüter auf Qualität und Quantität und sorgen für deren sachgemäße Lagerung und Behandlung, erstellen Lösch-, Lade- und Lagerpapiere und andere Berichte.

Einsatzgebiet

Sie arbeiten in Seehäfen und dort in Ladungskontroll-, Warenkontroll- und Wägebetrieben, Gesamthafenbetrieben oder Betrieben des Speditions-, Transport- und Lagerwesens. Sie sind vorwiegend auf Schiffen, an Kaiumschlagplätzen, in Speichern und Lagerhäusern, auf Freilagern im Kontor oder im Labor als Beauftragte von Reedereien, Schiffsmaklern oder Güterempfängern und -versendern beschäftigt.

Ausbildung

Die duale Ausbildung dauert drei Jahre.

Hafenschiffer

Aufgaben

In großen Häfen wie dem Hamburger Hafen werden die verschiedenen Güter auf dem Wasser von den Lagerhallen zu den Schiffen transportiert. Hafenschiffer haben die Aufgabe, als Decksleute auf einem angetriebenen Wasserfahrzeug (Barkasse, Schlepper) den Schiffsführer beim Schleppen von Schuten, Leichtern und anderen schwimmenden Geräten zu unterstützen. Sie legen das Schleppgeschirr an und überwachen es. Ferner wirken sie bei der Steuerung des Fahrzeugs mit oder steuern es unter Aufsicht. Bei der Personenbeförderung sind sie für den Einzug des Fahrgelds zuständig und für die Sicherheit der Personen mitverantwortlich. Sie können auch zum Laden und Löschen von Schiffen herangezogen werden. Zu ihren Aufgaben gehören außerdem die Wartung und Instandhaltung der Schlepper und Barkassen.

Einsatzgebiete

Beschäftigung finden Hafenschiffer insbesondere in Betrieben der Güter- und Personenbeförderung im Hamburger Hafen. Ihr Arbeitsplatz ist im Hafenbereich und auf dem Schiff. Dabei sind sie in allen Bereichen des Schiffes tätig, sowohl an Deck als auch im Maschinenraum, im Frachtraum, im Führerstand und in den Passagierbereichen.

Ausbildung

Die duale Berufsausbildung dauert drei Jahre.

Hafenmeister

Aufgaben

Hafenmeister führen die Aufsicht in Häfen und sorgen dort für Ordnung. Sie weisen Schiffen Liegeplätze zu und sind verantwortlich für die Verkehrssicherheit im Wasserbereich und für die Sicherheit beim Umschlag gefährlicher Güter. Sie organisieren und überwachen den Hafenumschlag, planen die Arbeitsabläufe, zum Beispiel den Einsatz von Kränen, Schleppern und Schuten, teilen die Mitarbeiter und Mitarbeiterinnen für die anfallenden Arbeiten ein und sorgen für einen termingerechten Ablauf der Arbeiten.

Ausbildung

Eine extra Ausbildung gibt es nicht. Zugang haben Fachkräfte mit Berufserfahrung im Hafenbetrieb und in der Schifffahrt, beispielsweise Kapitäne und Hafenschiffer.

Hafenfacharbeiter

Aufgaben

Hafenfacharbeiter sind für das Be- und Entladen von See-, Binnenschiffen bzw. Lkws und Waggons im Hafen zuständig. Sie stauen und stapeln Güter im Seeschiff und löschen die Güter entsprechend den Stauplänen und Positionen. Dazu setzen und bedienen sie Schiffsladegeschirre, zum Beispiel verschiedene Flurförder- und Hebezeuge, und führen Lukenoperationen aus. Sie weisen das Kran-, Brücken- und Bordwindenbedienpersonal ein.

Einsatzgebiete

Sie arbeiten in Seehäfen oder größeren Binnenhäfen auf Schiffen, in Umschlagsanlagen, Speichern, Lagerhäusern, auf Containerabstellplätzen und sonstigen Freilagern im Hafengebiet. Sie arbeiten vorwiegend im Freien.

Ausbildung

Hafenfacharbeiter wird man durch eine berufliche Fortbildung oder Umschulung. Die Fortbildungsprüfung ist durch Rechtsvorschriften der Handelskammern Bremen und Hamburg geregelt. Die Fortbildung erstreckt sich über einen Zeitraum von mindestens einem Jahr, die Umschulung über zwei Jahre.

Schleusenwärter

Aufgaben

Schleusenwärter bedienen Schleusenanlagen und sorgen für deren Betriebsbereitschaft. Ihre Arbeit wird nötig, weil Flüsse und Kanäle durch Stauwehre aufgestaut werden, um ihr natürliches Gefälle auszugleichen und ihre Fließgeschwindigkeit zu reduzieren. Auf diese Weise steht dem Schiffsverkehr immer eine ausreichend tiefe Fahrrinne zur Verfügung. Schleusenwärter leiten und überwachen die Vorgänge beim Schleusen. Per Schaltwarte im Schleusenwärterhäuschen schließen und öffnen sie die Schleusentore, teilweise auch noch mechanisch durch Öffnen von Einlässen, Reglern und Ventilen. Bei Störungen, Unfällen oder Notfällen entscheiden die Schleusenwärter, ob der Schleusvorgang abgebrochen werden muss, informieren gegebenenfalls Rettungsdienste und Wasserwacht und führen die vorgeschriebenen Sicherheitsmaßnahmen durch. Sie kontrollieren die Schleusen- und Wehranlagen, die technischen Einrichtungen und die Notfalleinrichtungen auf Funktionsfähigkeit und Sicherheit. Sie sorgen außerdem dafür, dass Wartungs- und Instandhaltungsarbeiten sowie Reparaturen durchgeführt werden. Je nach Art und Größe der Anlagen packen sie dabei tatkräftig mit an.

Einsatzgebiete

Schiffe und Boote passieren auf Flüssen die Wehre durch Schleusen, mit deren Hilfe sie flussauf- oder abwärts geschleust werden. Schleusen gibt es darüber hinaus auch an den Küsten, beispielsweise vor Seehäfen. Hier werden sie benötigt, um den Gezeitenhub auszugleichen und so sicherzustellen, dass im Hafen liegende Wasserfahrzeuge immer genügend Wasser unter dem Kiel haben.

Ausbildung

Eine Ausbildung gibt es nicht. Erwartet wird entweder eine Ausbildung als Wasserbauer, Erfahrungen im Schleusen- und Wehrdienst oder Kenntnisse und Berufserfahrungen als Binnenschiffer. Auch Fachkräfte mit abgeschlossenen Ausbildungen in metall- oder elektrotechnischen Berufen kommen in Frage.

Wasserbauer

Aufgaben

Wasserbauer errichten, unterhalten und reparieren Dämme, Regelungsbauwerke und Ufersicherungen sowie Anlagen des Küsten- und Inselschutzes. Sie sind für Wartungs- und Instandsetzungsarbeiten an Wehren, Schleusen und anderen Staubauwerken zuständig. Dabei sichern und bezeichnen sie das Fahrwasser beziehungsweise die Fahrrinne für die Binnenschifffahrt und inspizieren das Gewässerbett durch Messungen (Peilungen). Bei Katastrophengefahr sorgen sie für den Schutz der Wasserwege und Küstenbauwerke. Umwelt- und Landschaftsschutz gehören ebenfalls zu ihren Tätigkeiten. Sie erstellen Bauunterlagen, führen Aufgaben der Bauüberwachung und -betreuung durch und sprechen sich mit bauausführenden Firmen ab.

Einsatzgebiete

Wasserbauer sind insbesondere bei Dienststellen der Wasser- und Schifffahrtsverwaltung und in Betrieben des gewerblichen Wasserbaus beschäftigt. Sie arbeiten viel im Freien.

Ausbildung

Wasserbauer ist ein anerkannter Ausbildungsberuf. Die duale Ausbildung dauert drei Jahre. Da sich der Schwerpunkt der beruflichen Anforderungen immer mehr von der Ausführung handwerklicher Tätigkeiten im Wasserbau auf die Bauüberwachung und -betreuung verlagert, gibt es seit 1. August 2004 eine neue Ausbildungsordnung.

Wasserbaumeister

Aufgaben

Wasserbaumeister nehmen Aufsichts-, Kontroll- und Verwaltungsfunktionen im Bereich eines Außen-, Strecken- oder Baubezirkes wahr. Sie sind zuständig für das Führen mehrerer Arbeitsgruppen oder Kolonnen, inspizieren und kontrollieren den Bezirk. Festgestellte Schäden, Veränderungen sowie Gefährdungen werden bewertet und gemeldet. Sie beaufsichtigen alle Arbeiten im Bereich der Unterhaltung, Gewässerinspektion, Stromüberwachung sowie des Küstenschutzes. Sie teilen die Arbeiten ein, planen und überwachen den Personal-, Material-, und Geräteeinsatz. Wasserbaumeister erstellen Pläne, Berichte sowie Meldungen und leiten Mitarbeiter und Auszubildende an.

Einsatzgebiete

Wasserbaumeister sind vor allem in Dienststellen der Wasser- und Schifffahrtsverwaltung oder Wasserwirtschaftsverwaltung beschäftigt.

Ausbildung

In der Regel wird eine berufliche Fortbildung als Wasserbaumeister vorausgesetzt. Auch Bautechniker der Fachrichtung Tiefbau oder besonders qualifizierte Wasserbauer werden beschäftigt.

5.4 Berufe in der Schifffahrtsverwaltung

Die Schifffahrtsverwaltung gliedert sich in drei Ebenen. Oberste Bundesbehörde für den Bereich der Wasser- und Schifffahrtsverwaltung des Bundes ist das Ministerium für Verkehr, Bau und Wohnungswesen. Die Mittelinstanz wird von den sieben Wasser- und Schifffahrtsdirektionen gebildet. Die Unterbehörden gliedern sich in 39 Wasser- und Schifffahrtsämter sowie verschiedene Neubauämter und Wasserstraßen-Neubauämter. Aufgabenschwerpunkte der Wasser- und Schifffahrtsverwaltung sind der Wasserstraßenbereich, die Gewässerkunde, Vermessungen, Kartenwesen und Liegenschaften sowie Aufgaben in der Binnen- und Seeschifffahrt. Im Wasserbereich nimmt die Behörde Aufgaben zur Unterhaltung, zum Aus- und Neubau von Bundeswasserstraßen, strompolizeiliche Aufgaben, wie Setzen und Betreiben von Schifffahrtszeichen, den Wasserstandsmeldedienst und die Eisbekämpfung sowie gewässerkundliche Aufgaben wahr. Hierbei werden im und am Gewässer hydrologische, wasserwirtschaftliche, hydraulische und morphologische Wechselbeziehungen kurz- bzw. langfristig ermittelt. Die Erfassung hydrographischer und ozeanologischer Wirkzusammenhänge spielt dabei speziell an den Mündungsstrichen der Nord- und Ostsee, in den Küstengewässern und der hohen See eine wesentliche Rolle.

Für den Ausbau, die Unterhaltung und den Betrieb der Bundeswasserstraßen werden vermessungstechnisch ermittelte Daten über die Wasserstraßen und deren Umgebung benötigt. Regionale Vermessungs- und Kartenstellen sind für die Herstellung und laufende Aktualisierung der großmaßstäblichen Karten der Bundeswasserstraßen verantwortlich. Die Bundeswasserstraßen sind privatrechtliches Eigentum des Bundes, die Liegenschaften – rund 232 000 Hektar Wasserflächen (ohne Seewasserstraßen) und 20 000 Hektar Landflächen – werden von den Wasser- und Schifffahrtsämtern verwaltet.

In den Bereichen der Binnen- bzw. Seeschifffahrt ist der Bund vor allem für die Förderung der Binnenflotte und der deutschen Handelsflotte, die Abwehr von Gefahren für die Sicherheit und Leichtigkeit des Verkehrs sowie die Verhütung von der Seeschifffahrt ausgehender Gefahren (Schifffahrtspolizei) und schädlicher Umwelteinwirkungen, für die Schiffseichungen auf den Bundeswasserstraßen und die Untersuchung von Seeunfällen zuständig.

In der Ausbildung kann zwischen der Beamtenlaufbahn und Ausbildungsberufen gewählt werden. Hier ein kurzer Überblick:

Beamtenlaufbahn

Höhere Beamtenlaufbahn

In der Wasser- und Schifffahrtsverwaltung des Bundes sind über 15.000 Beamte, Angestellte und Arbeiter tätig. Davon sind etwa 300 Beamte des höheren technischen Dienstes, die als Sachbereichsleiter oder Leiter in Unterbehörden oder als Dezernenten, Dezernatsleiter oder Präsidenten in den Mittelbehörden eingesetzt sind. Es handelt sich um Führungspositionen für Bau-, Betriebs- und Verwaltungsaufgaben an den Bundeswasserstraßen einschließlich der zugehörigen Anlagen (z. B. Staustufen, Schleusen, Pumpwerke, Brücken und Düker) sowie der Einrichtungen für die Sicherheit und Leichtigkeit des Schiffsverkehrs (z. B. Seezeichen, Landradaranlagen, Funkortungsketten und für die Verkehrslenkung zuständige Revierzentralen). Die Vielfalt der Aufgaben erfordert Diplomingenieure, die ein breit angelegtes technisches Wissen erworben haben, die bereit und in der Lage sind, sich fortlaufend in neue Fachgebiete einzuarbeiten und die mit Kollegen der anderen Fachrichtungen kooperativ zusammenarbeiten können.

Ausbildung
In der eineinhalbjährigen Ausbildung als Anwärter bzw. zweijährigen Ausbildung als Baureferendar erwerben sie das zusätzlich erforderliche Verwaltungswissen, das die Gebiete Wasserstraßen/Wasserwirtschaft, Vorbereiten und Durchführen von Bauten, Leitungsaufgaben und Wirtschaftlichkeit in der Verwaltung sowie allgemeine und fachbezogene Rechts- und Verwaltungsgrundlagen umfasst.

Folgende Studienrichtungen gelten als Voraussetzung für die Zulassung zum Vorbereitungsdienst der Laufbahn des höheren technischen Verwaltungsdienstes:
- Wasserwesen: Bauingenieurstudium,
- Maschinen- und Elektrotechnik der Wasserstraßen: Maschinenbau, Elektrotechnik, Schiffstechnik oder Wirtschaftsingenieurwesen,
- Vermessungs- und Liegenschaftswesen: Geodäsie,
- Wehrtechnik: u. a. Schiffbau, Schiffsmaschinenbau, Maschinenbau mit Fachrichtung Schiffstechnik,
- Umwelttechnik/Umweltschutz: Umwelttechnik.

Außerdem werden in den Wasserbehörden folgende Berufe ausgebildet:

Industriemechaniker
Fachrichtung Betriebstechnik

Aufgaben

Zu den Tätigkeiten des Industriemechanikers gehören die Aufrechterhaltung und Wiederherstellung von Maschinen und Anlagen des Betriebes. Dies wird durch Instandsetzung, Inspektion oder vorbeugende Maßnahmen erreicht. Die manuelle Anfertigung von Ersatzteilen gehört genauso zu den Ausbildungspunkten wie das Montieren und Demontieren.

Ausbildung

Die Ausbildung findet auf den Bauhöfen einiger Wasser- und Schifffahrtsämter statt und dauert in der Regel dreieinhalb Jahre. Sie kann unter bestimmten Voraussetzungen um ein halbes Jahr verkürzt werden. Einstellungstermin ist der 1. August jeden Jahres.

Energieelektroniker
Fachrichtung Anlagentechnik

Vermessungstechniker

Aufgaben

Energieelektroniker kümmern sich um das Errichten, Installieren, Montieren, die Inbetriebnahme und den Service von Anlagen der Energieversorgungstechnik, der Steuerungs-, Regelungs- und Antriebstechnik, der Meldetechnik sowie der Beleuchtungstechnik. Aufstieg zum Ausbilder, Industriemeister Elektrotechnik und zum staatlich geprüften Elektrotechniker ist möglich.

Ausbildung

Die Ausbildung dauert im Regelfall dreieinhalb Jahre; eine Verkürzung ist möglich. Ausbildungsort sind Bauhöfe von Wasser- und Schifffahrtsämtern. Einstellungstermin ist der 1. August jeden Jahres.

Aufgaben

Zu den wesentlichen Tätigkeiten des Vermessungstechnikers gehören das Vorbereiten, die Durchführung und Auswertung der Vermessung, das Erteilen von Auskünften und die Digitalisierung von Karten. Durch weitere Aus- und Weiterbildung ist eine Qualifizierung zum staatlich geprüften Vermessungstechniker, Katastertechniker oder durch ein Studium zum Diplom-Ingenieur möglich.

Ausbildung

Die Ausbildung dauert in der Regel drei Jahre; eine Verkürzung ist möglich. Einstellungstermin ist der 1. August jeden Jahres. Die Ausbildung erfolgt sowohl im Innen- als auch im Außendienst bei den Wasser- und Schifffahrtsämtern.

Verwaltungsfachangestellter

Aufgaben

Verwaltungsfachangestellte arbeiten als Sachbearbeiter im Rahmen des inneren Dienstes, der Organisation, im Personalwesen, im Haushalts-, Kassen- und Rechnungswesen sowie im Wasserstraßen- und Schifffahrtswesen und der Verkehrswirtschaft. Die Verwaltung von Liegenschaften, Wasser- und Landfahrzeugen und Geräten ist ebenfalls Bestandteil der Tätigkeit. Nach einigen Jahren Berufserfahrung sind die Fortbildungsprüfung zum Verwaltungsfachwirt sowie weitere Aus- und Weiterbildungen möglich.

Ausbildung

Die Berufsausbildung erfolgt in verschiedenen Dienststellen der Wasser- und Schifffahrtsverwaltung. Begleitet wird die praktische Ausbildung durch innerbetrieblichen Unterricht. Darüber hinaus finden Lehrgänge sowie die Abschlussprüfung in den Berufsbildungszentren in Koblenz und/oder Kleinmachnow (Berlin) statt. Die Ausbildung dauert in der Regel drei Jahre; Verkürzung ist möglich. Einstellungstermin ist der 1. August jeden Jahres.

Bauzeichner

Aufgaben

Nach Entwurfsskizzen oder Anweisungen von Architekten und Bauingenieuren erstellen Bauzeichner mit Hilfe von CAD-Programmen Bau- und Ausführungszeichnungen, Grundrisse, Bauansichten und Detailzeichnungen. Auch bei der Erarbeitung von Ausschreibungsunterlagen wirken sie mit und erstellen Dokumentationen sowie Zeichnungen für Präsentationen. Sie verwalten, bearbeiten und plotten Zeichnungen sowie andere Bauunterlagen und übertragen bautechnische Vorgaben. Neben der zeichnerischen Arbeit berechnen sie z. B. den Bedarf an Baustoffen, erstellen Stücklisten, fertigen Aufmaße und Bestandspläne an. Sie beobachten die Fortschritte von Bauvorhaben und bereits laufenden Bauprozessen und sorgen dafür, dass die erforderlichen Unterlagen, Berechnungen und Abrechnungen jeweils rechtzeitig zur Verfügung stehen. Nach entsprechender beruflicher Praxis ist die Fortbildung zum staatlich geprüften Bautechniker oder bei entsprechendem Schulabschluss ein ingenieurwissenschaftliches Studium möglich.

Ausbildung

Vor allem wird der Umgang mit EDV-Anlagen und Zeichengeräten erlernt, aber auch Kenntnisse von Baustoffen, Vermessungsarbeiten und das praxisgerechte Ausführen von Zeichnungen sind Ausbildungsbestandteil des Bauzeichners.

Die Ausbildung dauert in der Regel drei Jahre; Verkürzung ist möglich. Einstellungstermin ist der 1. August jeden Jahres.

Wasserbauer

Aufgaben

Der Beruf beinhaltet die Pflege und Instandhaltung von Bundeswasserstraßen (Flüsse, Kanäle, Küste) sowie Gebäuden in und an den Gewässern. Zu ihren Tätigkeiten zählt die Verarbeitung von Holz, Metall und Beton. Der Umgang mit Werkzeugen und Maschinen gehört ebenfalls dazu (siehe auch Abschnitt Hafenwirtschaft). Nach mehrjähriger Berufserfahrung ist der Aufstieg zum Vorhandwerker bzw. die Möglichkeit zur Weiterbildung zum Wasserbaumeister möglich.

Ausbildung

Die Ausbildung dauert im Regelfall drei Jahre; Verkürzung ist möglich. Einstellungstermin ist der 1. August jeden Jahres. Die praktische Ausbildung erfolgt in den Außenbezirken der Wasser- und Schifffahrtsämter. Sie wird im ersten Ausbildungsjahr ergänzt durch überbetriebliche Ausbildung in den regionalen Ausbildungsstätten der Bauwirtschaft. Der Berufsschulunterricht wird ab dem zweiten Lehrjahr durch Lehrgänge in den Berufsbildungszentren Koblenz oder Kleinmachnow ergänzt.

5.5 Berufe in der Fischerei

Fische werden nicht nur gefangen, sondern auch gezüchtet, verarbeitet und verkauft. Hier eine kleine Auswahl möglicher Berufe:

Fischwirt

Fischwirte sind Experten für die Zucht und den Fang von Fischen, Krebstieren und Muscheln als Nahrungsmittel für den Menschen. Folgende Spezialisierungen sind möglich:

Fischwirt für Fischhaltung und -zucht

Fischwirte mit Schwerpunkt Fischhaltung und Fischzucht züchten planmäßig Fische, vor allem Forellen, Karpfen und Schleien. Zu ihren Aufgaben gehört es, Fische zu halten und zu vermehren sowie die Teichanlagen zu pflegen und instand zu halten. Dabei bemühen sie sich darum, die Umwelt und insbesondere die Gewässer als Lebensgrundlage für die Fische zu schützen und möglichst artgerecht zu gestalten. Nur so kann eine besonders gute Qualität der Fische und Fischerzeugnisse gewährleistet werden. Sie vermarkten ihre Produkte und Erzeugnisse und warten die bei ihrer Arbeit benötigten Maschinen und Geräte.

Einsatzgebiete
Fischwirte arbeiten in der Teichwirtschaft, auf Fischgütern oder in Fischbrutbetrieben, zum Teil auch in gemischten land- und forstwirtschaftlichen Betrieben mit angeschlossener Teichwirtschaft. In der Regel sind sie dabei in der freien Natur tätig. Allerdings fallen auch Tätigkeiten in Bruthäusern, Kühlräumen, Räucherräumen und zum Teil in Fischschlachträumen an.

Ausbildung
Fischwirt ist ein anerkannter Ausbildungsberuf mit dreijähriger Dauer (gilt auch für die folgenden Fischwirts-Berufe, mehr dazu in Kapitel 8).

Fischwirt für Kleine Hochsee- und Küstenfischerei

Aufgaben
Diese Fischwirte sind auf Nord- und Ostsee unterwegs, um Seefische, Krabben und Muschel zu fischen. Sie bedienen dabei hoch spezialisierte Fanggeräte wie Angeln, Leinen und Reusen, kennen die unterschiedlichsten Arten von Netzen und nicht zuletzt die Fische selbst. Gleichzeitig verfügen sie auch über Kenntnisse in Navigation und Wetterkunde und sind mit den schifffahrtspolizeilichen Vorschriften vertraut.

Zu ihren Aufgaben gehört, die für den Schiffsbetrieb, die Fangverarbeitung und die Schiffssicherheit notwendigen Maschinen, Geräte und Anlagen zu bedienen, zu warten und zu reparieren. Darüber hinaus verarbeiten und vermarkten sie die von ihnen gefangenen Fische und daraus erzeugten Fischprodukte.

Einsatzgebiete
Sie arbeiten fast ausschließlich an Deck von Fischkuttern, die in den Häfen an der Nord- und Ostseeküste der Bundesrepublik beheimatet und in den Fanggebieten der Kleinen Hochsee- und Küstenfischerei unterwegs sind. Das Löschen der Fänge geschieht in Fischereihäfen an der deutschen Nord- und Ostseeküste. Zum Teil wird auch in ausländischen Häfen gelöscht, beispielsweise in Dänemark, Schweden oder den Niederlanden.

Fischwirt für Seen- und Flussfischerei

Aufgaben
Diese Fischwirte setzen Fischbrut aus, hegen sie und schätzen deren Nutzungs- und Ertragswert ein. Diese Werte verbessern sie durch geeignete Maßnahmen, z. B.

durch verbesserte Fangmethoden oder durch den planmäßigen Fang bestimmter Fischarten. Darüber hinaus pflegen sie Seen, Flüsse und Ufer und leisten einen wichtigen Beitrag zum Schutz und zur Gestaltung der Umwelt, insbesondere der Gewässer. Daneben vermarkten sie ihre Produkte und Erzeugnisse und warten die bei ihrer Arbeit benötigten Maschinen und Geräte.

Einsatzgebiete

Fischwirte arbeiten an großen Seen bzw. an fließenden Gewässern. Darüber hinaus fallen auch Tätigkeiten in Bootshäusern, Materiallagern, Werkstatträumen, Bruthäusern und zum Teil in Fischschlachträumen an. Regionale Schwerpunkte der Seen- und Flussfischerei sind Baden-Württemberg, Bayern, Brandenburg, Niedersachsen, Mecklenburg-Vorpommern und Schleswig-Holstein.

In allen drei Fischwirts-Berufen kann durch Fortbildung die Meisterprüfung zum Fischwirtschaftsmeister absolviert werden.

Hochseefischer (Matrose)

Aufgaben

Matrosen auf Fischereischiffen fangen Frischfische, Krabben, Muscheln in den Fanggebieten der Hochseefischerei durch „stille Fischerei" wie Reusen, Stellnetze, Hamen, Langangel oder „bewegte Fischerei" wie Schleppnetze und Zugnetze. Sie sortieren die Fische an Bord nach Art und Größe. Gegebenenfalls wird der Fang sofort weiterverarbeitet, also zum Beispiel geschlachtet, ausgenommen, gesäubert, gekocht oder gesalzen. Bis der Fang im Hafen gelöscht wird, sorgen die Hochseefischer für eine sachgerechte Lagerung und Kühlung. Manchmal wird der Fang auch direkt vom Schiff weg verkauft.

Oft sind die Fischer längere Zeit auf See. Während der Fangreisen warten, pflegen und reparieren sie Maschinen, Geräte und Werkzeuge, die zum Fangen, Sortieren, Lagern, Verpacken und Transportieren benötigt werden. Bei Liegezeiten im Hafen kümmern sie sich um größere Reparaturen.

Einsatzgebiete

Hochseefischer arbeiten für Fischereibetriebe fast ausschließlich an Deck von Fischereifahrzeugen, im Rahmen der kleinen Hochseefischerei vielfach auch auf einem eigenen Fischkutter. Hochseefischerei ist Teamarbeit: Die einzelnen Handgriffe sind eingeübt, und die Mannschaftsmitglieder müssen sich gegenseitig auf einander verlassen können.

Ausbildung

In der Regel wird für den Zugang zur Tätigkeit als Hochseefischer eine abgeschlossene Berufsausbildung als Fischwirt im Schwerpunkt Kleine Hochsee- und Küstenfischerei gefordert. Da für diesen Beruf Kenntnisse und Fertigkeiten in seemännischen Tätigkeiten eine besondere Rolle spielen, werden vor allem Fachkräfte aus dem Bereich der Seeschifffahrt eingestellt. Mit vielen der anfallenden Tätigkeiten sind gleichermaßen berufserfahrene Kräfte aus der Hafen- und Binnenschifffahrt vertraut. Außerdem werden Fischwirte mit anderer Schwerpunktausbildung beschäftigt, vor allem aus der Seen- und Flussfischerei, da sie zum einen Kenntnisse in der Schifffahrt haben und sich zum anderen zusätzlich mit dem Produkt Fisch und dessen Weiterverarbeitung auskennen. Vorschriften besagen, dass Seediensttauglichkeit erforderlich ist, Erstanmusternde einen Sicherheitslehrgang absolviert haben müssen, gegebenenfalls auch eine Ausbildung als Rettungsbootsmann und in fortschrittlicher Brandbekämpfung vorliegen muss. Außerdem regelt die Schiffsbesetzungs-Verordnung die Regelbesatzung für Fischereifahrzeuge. Je nach Fischereifahrzeug sind zudem besondere Befähigungszeugnisse (Schifferpatente) und ein Sprechfunkzeugnis für den Seefunkdienst erforderlich.

Seenfischer

Aufgaben

Seenfischer befischen Seen, Talsperren, Baggerseen und ähnliche stehende Gewässer. Sie fangen Speisefische unter Verwendung verschiedenartiger Fangmethoden, zum Beispiel Angeln, Reusenfischerei, Netzfischerei oder Elektrofischerei. Nach dem Fang entladen sie die Boote an Land, sortieren die Fische und bearbeiten sie weiter für den Verkauf, indem sie sie schlachten, ausnehmen und säubern, räuchern oder kühlen. Auch das Einbringen von Besatzfischen und die Bewirtschaftung der Gewässer, zum Beispiel durch Uferpflege, Reetnutzung oder Maßnahmen bei Verschmutzung der Umwelt, gehören zu ihren Aufgaben.

Einsatzgebiete

Ihren Beruf üben Seenfischer vielfach selbstständig aus. Bei einem erheblichen Teil der Seenfischerei handelt es sich um kleine Familienbetriebe. Da die Fangerträge zurückgegangen sind, wird die Binnenfischerei oft nur noch als Zuerwerb betrieben. Regionale Schwerpunkte sind Baden-Württemberg, Bayern, Brandenburg, Niedersachsen, Mecklenburg-Vorpommern und Schleswig-Holstein.

Ausbildung

Passend ist eine Ausbildung als Fischwirt für Seen- und Flussfischerei. Auch Fachkräfte aus kombinierten land- und fischwirtschaftlichen Betrieben sind geeignet.

Kapitän für Große Hochseefischerei

Aufgaben

Kapitäne der Großen Hochseefischerei tragen als Leiter eines größeren Fangschiffes (Trawler oder Fabrikschiff) die Verantwortung für den gesamten Schiffsbetrieb. Von der Brücke aus navigieren sie während ihrer Seewache (Navigationswachdienst) das Schiff. Den Seeraum beobachten sie mit Hilfe von Radar und speziellen Ferngläsern. Sie planen alle Arbeiten an Bord sowie den erforderlichen Personaleinsatz, ebenso Schutz- und Sicherheitsmaßnahmen wie Brandschutz oder Rettungsdienst. Den Navigationswachdienst organisieren sie so, dass die Brücke jederzeit besetzt ist. Beim eigentlichen Fischfang suchen sie mit Hilfe von Fischortungsgeräten – in den nach internationalem Seerecht zugelassenen Seegebieten – nach fischreichen Fanggründen. Dabei organisieren und überwachen sie die Arbeiten, die das Fangen, Einholen, Sortieren, Schlachten, Konservieren und – je nach Schiffsausstattung – die komplette Weiterverarbeitung der Fische an Bord, einschließlich der Verstauung in den Laderäumen, umfassen. Den Schiffsreiseverlauf und besondere Vorkommnisse dokumentieren sie durch Einträge im Logbuch.

Einsatzgebiete

Sie arbeiten auf Fischereifahrzeugen unterschiedlicher Größe und Typen in Fahr- und Einsatzgebieten außerhalb der Grenzen der Küstenfischerei bzw. der Kleinen Hochseefischerei. Vor allem bedingt durch die Größe und Entfernung der Fanggebiete sind die Aufenthalte auf See von unterschiedlich langer Dauer.

Ausbildung

Das Befähigungszeugnis „Kapitän BG" (Große Hochseefischerei) wird im Rahmen einer bundeseinheitlichen Regelung erworben. Hierunter fällt zum einen eine nach Landesrecht geregelte schulische Fortbildung an Fachschulen, nach deren erfolgreichem Abschluss man das erste Befähigungszeugnis „Nautischer Schiffsoffizier BGW" erhält. Auch bestimmte Seefahrtszeiten müssen nachgewiesen werden, die vor dem Fachschulbesuch abzuleisten sind, in der Regel sind dies 48 Monate. Zum anderen sind weitere 24 Monate Seefahrtszeiten im Anschluss an die Fachschule erforderlich, bevor man dann das erweiterte Befähigungszeugnis „Kapitän BG" (Große Hochseefischerei) ohne erneute Ausbildung und Prüfung erhält. Die Fachschulausbildung selbst dauert zwei Jahre.

Kapitän für Kleine Hochseefischerei

Aufgaben

Kapitäne der Kleinen Hochseefischerei führen die Besatzung eines Fangschiffes (meist eines Hochseekutters) und sind für den gesamten Schiffsbetrieb verantwortlich. Von der Brücke aus navigieren sie während ihrer Seewache (Navigationswachdienst) das Schiff. Den Wachdienst teilen sie sich im Wechsel mit einem anderen Schiffsoffizier bzw. Wachbefugten. Den Seeraum beobachten sie mit Hilfe der Radareinrichtung und mit speziellen Ferngläsern. Die Aufgaben ähneln denen des Kapitäns für Große Hochseefischerei.

Einsatzgebiet

Kapitäne für Kleine Hochseefischerei arbeiten meist auf Fischereifahrzeugen mittlerer Größe in Fahr- und Einsatzgebieten vor allem der Nord- und Ostsee. Der Unterschied zur Großen Hochseefischerei liegt in kleineren Fahrzeugen und geringeren Fangquoten begründet.

Ausbildung

Das Befähigungszeugnis „Kapitän BK" (Kleine Hochseefischerei) wird im Rahmen einer bundeseinheitlichen Regelung erworben. Hierunter fällt zum einen die nach Landesrecht geregelte schulische Fortbildung an Fachschulen, nach deren erfolgreichem Abschluss man das erste Befähigungszeugnis „Nautischer Schiffsoffizier BKW" erhält. Auch 12 Monate Seefahrtszeiten im Decksdienst auf Fahrzeugen der Seefischerei sind vor dem Fachschulbesuch abzuleisten. Nach der Fachschule muss der Absolvent weitere 24 Monate als Schiffsoffizier auf Fischereischiffen unterwegs sein, bevor er das erweiterte Befähigungszeugnis „Kapitän BK" (Kleine Hochseefischerei) ohne erneute Ausbildung und Prüfung erhält. Die Ausbildung an der Fachschule selbst, die mit dem ersten Befähigungszeugnis „Nautischer Schiffsoffizier BKW" endet, dauert in Vollzeit ein Jahr.

Nautischer Schiffsoffizier/ Steuermann für Küstenfischerei

Aufgaben

In der Regel fahren in der Küstenfischerei selbstständige Fischer als Inhaber des Befähigungszeugnisses „BKü" mit ihrem eigenen Kutter morgens los und kommen am selben Tag wieder in den Hafen. Der Kapitän plant und organisiert alle an Bord anfallenden Arbeiten. Dazu gehören das Navigieren und Manövrieren des Schiffes und das Überwachen und Instandhalten der technischen Ausrüstungen, Sicherheitseinrichtungen und Fischfangvorrichtungen. Er verteilt unter der kleinen Besatzung, meistens zwei bis vier Seeleute, die Arbeitsaufgaben und arbeitet dann beim eigentlichen Fischfang auch selbst mit. Ist der Fang eingeholt, kümmert er sich um dessen sachgemäße Behandlung und überwacht das Entladen im Hafen.

Einsatzgebiete

Nautische Schiffsoffiziere der Küstenfischerei arbeiten auf offener See an Deck ihres Kutters bzw. Fischereibootes.

Ausbildung

Das Befähigungszeugnis „Kapitän BKü" gilt für den nautischen Dienst auf kleineren Fischereifahrzeugen, zum Beispiel Fischkuttern, in küstennahen Gewässern und den großen Flussmündungen. Sein Erwerb berechtigt dazu, als Kapitän in der Küstenfischerei berechtigt zu arbeiten. Er ist bundeseinheitlich geregelt. Zehn bis 13 Wochen dauert die Ausbildung an einer Seefachschule. Vorab müssen bereits 12 Monate Decksdienst auf einem entsprechenden Fischereifahrzeug absolviert werden.

Agrarbiologe

Aufgaben

Agrarbiologen erkennen, analysieren und bewerten Auswirkungen verschiedener landwirtschaftlicher Produktionsmethoden und entwickeln umweltverträgliche Verbesserungsvorschläge und Optimierungskonzepte. Mit biologischen Analysemethoden und Verfahren, vor allem aus der Molekular- und Zellbiologie, werden physiologische Studien für Kulturpflanzen und Nutztiere durchgeführt sowie Nährstoffe, Schadstoffe, pflanzliche und tierische Gewebe und Produkte untersucht. Sie beraten in wissenschaftlichen und verfahrenstechnischen Fragen des Pflanzenbaus, der Pflanzen- und Tierzucht. Im Umweltbereich nehmen Agrarbiologen Umweltverträglichkeitsprüfungen vor, führen Erhebungen und Kartierungen durch, erstellen ökologische Gutachten und Pläne und wirken bei Umweltprogrammen und landespflegerischen Maßnahmen mit.

Sie forschen in Branchen wie der Forstwirtschaft, der Ernährungswissenschaft und der Tiermedizin ebenso wie im Umweltbereich.

Einsatzgebiete

Forschung und Entwicklung werden sowohl von wissenschaftlichen Institutionen als auch vor allem von der chemisch-pharmazeutischen Industrie betrieben. Arbeitgeber können ebenso das Ernährungsgewerbe, Gesundheits- und Veterinärwesen als auch Dienstleistungsunternehmen sein.

Ausbildung

Agrarbiologe wird man über ein universitäres Diplom- oder Bachelor-Studium. An Technischen Universitäten gibt es außerdem technisch orientierte Agrarbiologie-

Studiengänge mit Ingenieurabschluss. Für einen späteren Einsatz in der Fischzucht sind zum Beispiel folgende Spezialisierungen interessant:

Agrarbiotechnologie

Neue Entwicklungen auf den Gebieten der Biotechnologie und Molekularbiologie haben Einzug in die Züchtung und Produktion von Pflanzen und Tieren sowie in die industrielle Mikrobiologie gehalten. Studierende dieser Fachrichtungen lernen, Methoden aus der Molekular- und Zellbiologie an Mikroorganismen, Kulturpflanzen und Nutztieren einzusetzen.

Nutztierbiologie

Die Einstellung der Gesellschaft zu Tieren und ihrer Nutzung durch den Menschen hat sich geändert. Neben klassischen Lehrinhalten werden deshalb neue Lehrveranstaltungen zur artgerechten Tierhaltung, zur Ökologie in der Tierproduktion und zum Tierschutz gehalten. Das moderne Berufsbild erfordert eine fundierte methodische labortechnische Ausbildung, wie sie diese Fachrichtung bietet.

Diplom-Ingenieur für Agrarwissenschaft

Aufgaben

Diplom-Ingenieure der Agrarwissenschaft übernehmen Führungsaufgaben in Betrieben der Agrarwirtschaft und in vor- und nachgelagerten Bereichen. In der landwirtschaftlichen Zulieferindustrie sind sie z. B. an der Entwicklung von Saat-, Futter- und Düngemitteln und landwirtschaftlichen Maschinen und Anlagen beteiligt oder sie beraten – auch im Außendienst – Kunden und verkaufen die Produkte. Sie führen landwirtschaftliche Erzeugerbetriebe und kümmern sich in Erzeugergemeinschaften und Handelsunternehmen um den Einkauf und die Vermarktung landwirtschaftlicher Erzeugnisse. Sie können auch in behördlichen, fachverbandseigenen oder privaten Beratungsstellen, in Genossenschaften und Verbänden sowie in landwirtschaftlichen Fachverwaltungen tätig werden. Ihr Schwerpunkt in Wissenschaft und Forschung ist das Versuchswesen. Diplom-Ingenieure (Uni) der Fachrichtung Agrarwissenschaft erstellen auch Gutachten, entwickeln agrarökologische Konzepte für Projekte im Natur- und Umweltschutz oder sind als Projektleiter in der Entwicklungszusammenarbeit tätig.

Einsatzgebiete

Außer in Forschung und Entwicklung finden sie in der unmittelbaren landwirtschaftlichen Produktion, zum Beispiel in der Pflanzen- und Tierproduktion, der Fischwirtschaft und der Milch- und Molkereiwirtschaft Beschäftigung. Auch in Verkauf, Vertrieb und Beratung landwirtschaftlicher Zulieferer etwa der Futtermittel-, Pflanzenschutz-, Düngemittel- und Landmaschinen-

industrie können sie arbeiten. In der nachgelagerten Lebensmittelindustrie und in
Vermarktungsunternehmen für landwirtschaftliche Produkte sind gleichfalls ihre
Kenntnisse gefragt. Auch bei Behörden,
z. B. in Landwirtschaftsämtern oder Fach-
behörden für Landschaft- und Naturschutz,
in landwirtschaftlichen Versuchsanstalten
oder bei Organisationen der Entwicklungszusammenarbeit bieten sich Beschäftigungsmöglichkeiten.

Ausbildung
Den berufsqualifizierenden Abschluss
Diplom-Ingenieur für Agrarwissenschaft
erreicht man über ein Studium an einer
Universität. Im Studienbereich Landwirt-
schaft und Agrarwissenschaft ist auch ein
Studium an Fachhochschulen möglich.

5.6 Berufe in der Meeresforschung

Im Laufe der Jahre hat sich nicht nur eine, sondern haben sich eine Reihe von Meereswissenschaften entwickelt, die unter dem Oberbegriff Meereskunde zusammengefasst werden. Meereskunde kann man deshalb nicht studieren. Man muss sich für einen Studiengang entscheiden, der entweder physikalisch, chemisch, geologisch oder biologisch ausgerichtet ist. Beispiel Uni Hamburg: Hier gibt es folgende Studiengänge mit meereskundlicher Ausrichtung:

- Ozeanographie, Meteorologie, Geophysik,
- Chemie (mit Vertiefung in Meereschemie),
- Geologie (mit Vertiefung in Meeresgeologie und Biogeochemie),
- Biologie mit Prüfungsfach Hydrobiologie und Fischereiwissenschaft.

Ozeanograph

Aufgaben

Das Ziel der (physikalischen) Ozeanographie ist es, eine systematische und quantitative Beschreibung des Ozeans und seiner Bewegung durch geeignete physikalische Parameter (z. B. Temperatur, Salzgehalt, Dichte, Druck und dreidimensionales Strömungsfeld) zu liefern. Die Aufgaben des Ozeanographen gehen dabei allerdings über eine Erfassung und Kartierung der Parameter zu einem bestimmten (dem jetzigen Zeitpunkt) weit hinaus. Da sich die ozeanischen Bestimmungsgrößen räumlich und zeitlich stark ändern, ist man auch daran interessiert, diese in einem gewissen Rahmen vorhersagen zu können. Die Hauptaufgaben der physikalischen Ozeanographie bestehen heute in den Untersuchungen zur Änderung des Klimasystems und den Auswirkungen der Umweltverschmutzung. Der Druck, der von der Umweltverschmutzung ausgeht und alle Menschen gleichermaßen bedroht, ruft zum gemeinsamen Handeln auf. Da Meeresgebiete oft von vielen Völkern genutzt werden, ist eine internationale Zusammenarbeit erforderlich. Im Rahmen der Klimaforschung ist man an der Wechselwirkung zwischen ozeanischen Zirkulationen interessiert, um Vorhersagen zu globalen Veränderungen machen zu können.

Einsatzgebiete

Die ozeanographische Tätigkeit umfasst Grundlagenforschung vor allem an den Universitäten, Grundlagenforschung und angewandte Forschung in den dafür geschaffenen Großforschungseinrichtungen und angewandte Forschung und Beratungstätigkeit in den behördlichen Dienststellen des Bundes und der Länder.

Ausbildung

Das Vollstudium der Ozeanographie ist an der Universität Hamburg und im Institut für Meereskunde an der Universität Kiel möglich. Der Schwerpunkt Ozeanographie innerhalb eines umfassenderen Studienfaches (z. B. Physik) ist an der Universität Bremen, an der Universität Oldenburg und an der Universität Rostock möglich.

Meereschemiker

Aufgaben

Meereschemie ist die Untersuchung des Verhaltens und der Verteilung von chemischen Stoffen im Meerwasser. In diesem Zusammenhang beschäftigen sich Meereschemiker mit Problemen wie

- Aufnahme und Abgabe von Kohlendioxid (Treibhausgas) durch den Ozean und den daraus resultierenden Klimaveränderungen und Temperaturschwankungen,
- Herkunft, Lagerung, Verteilung und Ausbreitung von Spurenelementen im Meer,
- Überwachung des Anstiegs der Nährstoffkonzentrationen durch Überdüngung sowie Beschreibung von biogeochemischen Vorgängen,
- Einflüsse von Schadstoffen im Wasser auf die Meeresumwelt und die darin lebenden Tiere,
- Entwicklung neuer Nachweismethoden für chemische Spurenstoffe, gelöst oder als Teilchen im Meerwasser,
- wiederholtes Messen, um zeitliche Veränderungen zu beobachten.

Einsatzgebiete

Meereschemiker arbeiten in wissenschaftlichen Einrichtungen und Überwachungsbehörden. Je nach Aufgabengebiet fahren sie für ihre Forschung zum Teil wöchentlich, zum Teil nur ein- bis dreimal im Jahr oder auch gar nicht zur See und sammeln Wasserproben, die sie oder das technische Personal noch an Bord oder anschließend im Labor analysieren. Das Ergebnis wird interpretiert und veröffentlicht. Der Austausch mit ihren Kollegen findet oftmals auf Kongressen statt, meist vor internationalem Publikum und auf Englisch.

Ausbildung

In der Regel wird ein Chemie-Studium absolviert (mögliche Nebenfächer z. B. biologische Meereskunde, Ozeanographie) mit anschließender Promotion im Bereich der Meereschemie. Die Dauer dieser gesamten Ausbildung beträgt sechs bis acht Jahre. Es gibt auch die Möglichkeit eines Quereinstiegs mit Studium der Geologie oder Biologie und anschließender Promotion in der Meereschemie.

Meeresbiologe

Aufgaben

Biologische Meereskunde ist Ökosystemforschung. Ihre Hauptaufgaben sind heute, die Prinzipien der Stoffkreisläufe im Meer zu erkennen, ihre Abhängigkeiten von biotischen und abiotischen Umweltfaktoren zu quantifizieren und daraus Modelle abzuleiten, mittels derer die Auswirkungen von Veränderungen einzelner Umweltfaktoren simuliert werden können. Diese Aufgabe setzt nicht nur ein breit angelegtes ökologisches Grundwissen voraus, sondern zusätzlich auch Erfahrung im Umgang mit vielseitigen Messmethoden. Der Einsatz auf See erfordert dabei oft besondere technische und manuelle Geschicklichkeit. Die Biologische Meereskunde stellt ein unverzichtbares Bindeglied zwischen der physikalischen und chemischen Meereskunde einerseits und der Fischereibiologie andererseits dar: Physikalisch-chemische Prozesse steuern Sedimentation, Remineralisierung, Entwicklung und Produktion von Plankton- und Benthosorganismen (bodenlebende Arten), die eine große Bedeutung als Fischnahrung besitzen.

Einsatzgebiete

Die Promotion ist Voraussetzung für eine weiterführende Hochschullaufbahn und sie verbessert die Berufsaussichten in den meisten anderen Bereichen, vor allem den außeruniversitären Einrichtungen der Meeresforschung. Eine Reihe von in- und ausländischen Stiftungen und öffentlichen Einrichtungen bietet Diplombiologen die Gelegenheit, Auslandserfahrungen zu sammeln. Meist handelt es sich dabei um bilaterale Austauschprogramme oder um Projekte, die von der Bundesregierung im Rahmen von Kooperations- und Entwicklungshilfeprogrammen durchgeführt werden.

Verwendung finden biologische Meereskundler gelegentlich bei Behörden und Bundesforschungsanstalten, die sich mit Untersuchungen zur Gewässergüte befassen. Vorausgesetzt werden oft entsprechende Kenntnisse im Rahmen der Diplomarbeit.

Einsatzmöglichkeiten für Biologische Meereskundler in der freien Wirtschaft bestehen nur in sehr begrenztem Umfang. Im Wirtschaftsbereich anfallende Fragestellungen werden meist im Rahmen von Gutachten oder Werkverträgen über Universitätsinstitute abgewickelt. In zunehmendem Maße machen sich Absolventen selbstständig, um auf dieser Basis Gutachten oder Untersuchungen zur Gewässergüte durchzuführen oder sich als Fachjournalisten zu betätigen.

Ausbildung

Meeresbiologie kann als Schwerpunktfach oder Studienrichtung im Rahmen eines Biologiestudiums studiert werden.

Meteorologe

Aufgaben

Die Meteorologie (Physik der Atmosphäre) gehört wie die Mineralogie (Lehre vom chemischen Aufbau der Gesteine), die (physikalische) Ozeanographie (Meeresphysik), die Geophysik und die Geologie-Paläontologie (Lehre von der Entwicklung und dem Aufbau der festen Erdkruste) zu den Geowissenschaften, welche die Erde als Ganzes zum Gegenstand haben. Dabei sind die Geophysik, die Meteorologie und die Ozeanographie weitgehend physikalisch ausgerichtet, während die Geologie-Paläontologie stärker in historische (erdgeschichtliche) und chemische Aspekte eingebunden ist.

Gegenstand der Meteorologie ist die Atmosphäre, d. h. die Lufthülle des Planeten Erde. Die Atmosphäre steht als ein im physikalischen Sinne offenes System mit anderen physikalischen Systemen (Weltraum, Sonne, Ozean, feste Erde) sowie mit den Systemen der lebendigen Welt in vielfältiger Wechselwirkung. Auch diese Wechselwirkungen sind heute Gegenstand der Meteorologie. Die Meteorologie lässt sich definieren als Wissenschaft, die mit Methoden der exakten Naturwissenschaften die Atmosphäre und ihre wechselseitigen Beziehungen zu anderen Systemen erforscht. Der Studiengang Meteorologie umfasst daher weitgehend die Ausbildung eines Physikers.

Zu ihren Aufgaben gehören neben Grundlagenforschung und Erstellung von Wetterkarten zum Beispiel die messtechnische Erfassung von Schadstoffen in der Luft, die Anfertigung von meteorologischen Gutachten und Wetterprognosen, die Untersuchung klimatischer Auswirkungen auf die menschliche Gesundheit und die Mitwirkung bei der Entwicklung von meteorologischen Messinstrumenten. So befassen sie sich beispielsweise mit den Auswirkungen des Treibhauseffektes, des Ozon-Lochs und des El Niño – einem Klimaphänomen im äquatorialen Pazifikraum, das eine mehrere Monate dauernde Strömungsumkehr sowohl in der Atmosphäre als auch im Ozean bezeichnet.

Einsatzgebiete

Meteorologen sind in allen Bereichen tätig, die mit der Beobachtung und Erforschung der Erdatmosphäre und ihrer Wechselwirkung mit der Hydrosphäre (Ozeane, Seen und Flüsse), Kryosphäre (Eis und Schnee), der Lithosphäre (Gesteinshülle der Erde) und der Biosphäre (Pflanzen und Tiere) zu tun haben. Sie arbeiten meist im Öffentlichen Dienst, bei Behörden, Forschungseinrichtungen und im Hochschulbereich, daneben auch in privaten Ingenieur- und Planungsbüros, bei Rundfunk- und Fernsehanstalten und in Industriebetrieben.

Ausbildung

Meteorologie kann an Universitäten studiert werden.

Meeresgeologe

Aufgaben

Meeresgeologen erforschen unter anderem die Entstehung der Ozeane, die Sedimentationsprozesse im Meer, Bedeutung von Lebewesen bei der Ablagerung, die Rolle der Ozeane im Wärmehaushalt der Erde und bei Klimavariationen, die Meeresströmungen und ihre Auswirkungen auf die Bildung von Sedimenten.

Einsatzgebiete

Diese reichen von wissenschaftlichen Tätigkeiten in Forschungsinstituten, Universitäten und Behörden (grundlagenorientiert und angewandt) über eine Mitarbeit bei Behörden und Firmen im Bereich des Küstenmanagements (Wassermanagement, Küstenschutz, Monitoring von Sedimentbewegungen etc.), die Suche nach Öl-, Gas- und Erz-Lagerstätten, sowie Baustoffen in marinen und küstennahen Regionen bis hin zur Planung und Begutachtung bei Bauprojekten wie Häfen oder Offshore-Windkraftanlagen, Öffentlichkeitsarbeit für Firmen und Institute, Wissenschaftsjournalismus und Wissenschaftsmanagement.

Ausbildung

Meeres- oder Marine Geologie kann als Schwerpunkt oder Studienrichtung innerhalb eines Geologie- oder geowissenschaftlichen Studiengangs gewählt werden.

5.7 Berufe in der Marine

Mit gut 370.000 zivilen und militärischen Mitarbeitern zählt die Bundeswehr zu den größten deutschen Arbeitgebern. Der militärischen Kernausrichtung folgend, hat die Bundeswehr zunächst einmal eine technische Orientierung, bietet aber auch in vielen anderen Feldern interessante Entwicklungsmöglichkeiten.

Die Marine als Teil der Bundeswehr ist in zwei Säulen gegliedert, die beide dem Bundesministerium der Verteidigung und hier dem Führungsstab der Marine unterstehen.

Auf der einen Seite trägt das Marineamt mit seinen vielfältigen Aufgaben und der daher sehr komplexen Organisationsstruktur dazu bei, die personellen und materiellen Voraussetzungen für einsatzfähige Kampf- und Unterstützungsverbände der Deutschen Marine zu schaffen. Dem Marineamt sind die Schulen, Schulschiffe und Ausbildungseinrichtungen zur Nachwuchsgewinnung und Weiterbildung unterstellt. Die zweite Säule ist die Flotte mit dem Flottenkommando an der Spitze. Das Flottenkommando ist die Höhere Kommandobehörde für die schwimmenden und fliegenden Kampfverbände der Deutschen Marine. Typengleiche Schiffe und Boote sind in Flottillen zusammengefasst. Die einzelnen Flottillen setzen sich aus jeweils mehreren Geschwadern mit überwiegend klassengleichen Einheiten zusammen. Aus dem Marinehauptquartier in Glücksburg führt der Befehlshaber der Flotte die See- und Seeluftstreitkräfte.

Die Deutsche Marine sucht ständig Nachwuchs, egal ob als Wehrpflichtiger für neun Monate, als Zeitsoldat für mehrere Jahre oder letztlich als Berufssoldat. Hier einige Berufsbilder:

Marinesicherungs-Bootsmann

Aufgaben

Feldwebel des Truppendienstes arbeiten als militärische Vorgesetzte in allen Teilstreitkräften (Heer, Luftwaffe, Marine) und Organisationseinheiten (Sanitätsdienst, Streitkräftebasis). Die Ausbildung zum Feldwebel oder Bootsmann, so heißt der Feldwebel bei der Marine, entspricht in der zivilen Berufswelt der Qualifizierung zur Meisterin bzw. Meister. Neben der fachlichen Qualifikation müssen sie auch körperlich belastbar sein. Der Marinesicherungs-Bootsmann ist verantwortlich für die Führung und Ausbildung einer Marinesicherungseinheit beim Schutz von Objekten gegen Angriff aus der Luft, über Land und über See sowie beim Schutz von Straßentransporten.

Er leitet einen Zug und sorgt dafür, dass seine Untergebenen in folgenden Bereichen fit sind:

- Gefechtsdienst aller Truppen,
- Schutz von Marineanlagen,
- Waffen- und Schießausbildung,
- Pionierdienst aller Truppen,
- Fliegerabwehr (zu Lande),
- Panzerabwehr aller Truppen,
- Formaldienst und
- Sportausbildung.

Voraussetzungen

Grundsätzlich gilt für die Laufbahn eines Feldwebel im Truppendienst bzw. Bootsmanns einen Verpflichtungszeitraum von 12 Jahren. Der Bewerber muss zwischen 17 und 25 Jahren alt und Deutscher sein sowie mindestens einen Realschulabschluss haben.

Ausbildung

Nach den speziellen militärischen Ausbildungen folgt die Ausbildung zur Führung des Ihnen unterstellten Personals. Der Einstieg erfolgt über eine allgemeinmilitärisch-militärfachliche Grundausbildung. Ab dem 4. Monat beginnt die militärfachliche Ausbildung (Dauer 3 bis 5 Monate) mit anschließendem Unteroffizierlehrgang I (Dauer 1 Monat). Daran schließt sich eine weitere militärfachliche Ausbildung (Dauer 6 bis 11 Monate) sowie der Unteroffizierlehrgang II (Dauer 3 Monate) an. Danach bezieht der Bootsmann seinen Dienstposten.

Feldwebel des allgemeinen Fachdienstes/Bootsmann

Aufgaben

Dieser Weg ist vor allem für Bewerber geeignet, die schon eine Berufsausbildung absolviert haben. Der Bootsmann übernimmt die Verantwortung für ein bestimmtes Fachgebiet. Vor allem technische, verwaltende oder betriebliche Aufgaben mit Führungsverantwortung gehören dazu. Die anspruchsvolle Verwendung reicht von einer Spezialistentätigkeit in besonderen technischen Bereichen bis zu multinationalen Einsätzen in Krisenregionen. Die Tätigkeit entspricht dem Aufgabenspektrum eines Meisters in einem zivilen Unternehmen. Auch nach der Zeit bei der Marine sind die Ausbildung und Berufserfahrung in diesem Beruf daher von Nutzen.

Wer einen passenden Beruf erlernt hat, kann mit einem höheren Dienstgrad eingestellt werden. Auch hier folgt eine Fortbildung auf Meisterebene, die der militärischen Fachtätigkeit zugeordnet ist. Wer noch keinen Beruf hat, erhält während der Ausbildung zum Feldwebel einen zivil anerkannten Ausbildungsberuf. Bei besonders herausragender Eignung und bei Bedarf steht Kandidaten mit Realschulabschluss und abgeschlossener Berufsausbildung auch der Einstieg in die Laufbahn der Offiziere offen.

Ausbildung

Nach den militärischen Grundausbildungen folgt die Ausbildung in einem zivilberuflich anerkannten Beruf. Es folgen weitere militärische Ausbildungen, insbesondere zur Personalführung, und während des eigentlichen Berufseinsatzes auch die Fortbildung zum Meister. Bei Bewerbern, die über einen für die vorgesehene Verwendung verwertbaren Berufsabschluss verfügen und deshalb mit einem höheren Dienstgrad eingestellt werden können, entfällt die zivilberuflich anerkannte Berufsausbildung.

Schiffselektrotechnik-Offizier

Aufgaben

Schiffselektrotechnikoffiziere auf einer Fregatte leiten den Abschnitt Elektrotechnik und stellen die Versorgung des gesamten Schiffes mit elektrischer Energie sicher. Sie sind für Wartung, Instandhaltung und Instandsetzung aller Anlagen verantwortlich. Sie koordinieren und leiten den Fach-, Gefechts- und Inneren Dienst sowie die Ausbildung der in ihrem Abschnitt eingesetzten Soldaten. Bei Übungen und technischen Störungen sind sie entscheidungsfreudige Krisenmanager, militärische Führer und Erzieher der Soldaten. Weiterhin überwachen sie die Einhaltung der Betriebsschutz- und Sicherheitsbestimmungen.

Voraussetzungen

Bewerber für einen Offiziersposten benötigen das Abitur bzw. das fachbezogene Abitur. Grundsätzlich gilt für die Laufbahn eines Offiziers eine Verpflichtungszeit von 12 Jahren. Für den fliegerischen Dienst beträgt sie 15 Jahre, im Sanitätsdienst 17 Jahre. Wer mit einem abgeschlossenen Studium zur Marine kommt, bei dem beginnen die Verpflichtungszeiten bei drei Jahren. Das Mindestalter beträgt 17, das Höchstalter 25 Jahre.

Ausbildung

Mögliche Ausbildungswege werden in Kapitel 8 ausführlich dargestellt.

Kampfschwimmeroffizier

Aufgaben

Kampfschwimmer sind vielseitig ausgebildete Soldaten, die als Einzelkämpfer, Taucher, Infanterist, Fallschirmspringer, Sprengmeister und Kraftbootfahrer eingesetzt werden.

Der Dienst als Offizier in der Kampfschwimmerkompanie zeichnet sich insbesondere durch die Einsatzbereitschaft und Leistungsfähigkeit aus. Der Offizier führt ein kleines Team aus hoch spezialisierten und hervorragend ausgebildeten Kampfschwimmerbootsleuten und -maaten, die neben den Einsätzen auch weitergebildet werden. Diese für Spezialaufträge ausgebildeten und ausgerüsteten Soldaten sind sportlich austrainiert, waffentechnisch hervorragend ausgerüstet und einzigartig in der Bundeswehr. Der Offizier führt sein Team von Kampfschwimmern, in Sonderunternehmen und Einsätze zu Wasser, in der Luft und an Land eingesetzt. Zum Auftrag der Kampfschwimmer gehört der Kampf gegen den internationalen Terrorismus, das Aufklären von Häfen, Küstenanlagen und Schiffsansammlungen, das Gewinnen von Informationen und die Teilnahme an bewaffneten Evakuierungsoperationen. Aber auch der Schutz von eigenen Schiffen und Marineanlagen im In- und Ausland, von Überwachungsaufgaben und von Rettungs- und Bergungseinsätzen ist Aufgabe der Kampfschwimmer.

Voraussetzungen und Ausbildung

Siehe Schiffselektrotechnik-Offizier.

Kommandant und Offizier im Marineführungsdienst

Kommandanten und Offiziere im Marineführungsdienst führen Schiffe und Boote navigatorisch und seemännisch auf der Brücke. In der Operationszentrale, dem „Nervenzentrum" eines modernen Kriegsschiffes, leiten sie mit ihren Teams den Waffeneinsatz und koordinieren die Zusammenarbeit mit Marinehubschraubern, Jagdflugzeugen und Marinebombern. Der Kommandant bereitet Übungen auch mit multinationalen Marineverbänden vor. Die Aufgaben verlangen eine ausgeprägte Teamfähigkeit, große Belastbarkeit und Entscheidungsfreude. Bei Übungen, technischen Störungen und im Einsatz ist der Offizier entscheidungsfreudiger Krisenmanager, militärischer Führer und Erzieher der Soldaten.

Voraussetzungen und Ausbildung
Siehe Schiffselektrotechnik-Offizier.

Hubschrauberführer

Aufgaben
Offiziere im fliegerischen Dienst bei der Marine erwarten eine Fülle von unterschiedlichen Einsatzmöglichkeiten. Ob Such- und Rettungsdienst, Transportdienst, Aufklärung sowie U-Boot-Jagd oder Einsatz auf einem Marinejagdbomber vom Typ Tornado, die Möglichkeiten als Pilot bei der Marine sind vielfältig. Hubschrauberführer der Marine werden auf dem Such- und Rettungshubschrauber Sea King oder auf dem Bordhubschrauber Sea Lynx eingesetzt. Ab 2007 erfolgt dann auch der Einsatz auf dem hochmodernen MH 90, der die gesamte Hubschrauber-Flotte ersetzen wird. Aufgaben sind das Orten und Jagen von U-Booten oder lebensrettende Such- und Rettungsaktionen auf hoher See. Diese erfordern von der fliegenden Besatzung Höchstleistungen, die nur nach einer entsprechend kompakten und anforderungsvollen fliegerischen Ausbildung vollbracht werden können. Physische Fitness und Belastbarkeit sowie psychische Flexibilität sind unbedingte Voraussetzungen für die Erfüllung der komplexen Aufgaben, die an einen Offizier im fliegerischen Dienst gestellt werden.

Ausbildung
Die Anwärter für die Hubschrauberführeroffiziere (HFO) des Sea King werden hauptsächlich in Großbritannien ausgebildet, wogegen die zukünftigen Piloten der Sea Lynx in die USA reisen, um dort ihre fliegerische Ausbildung zu erhalten. Ein Studium kann absolviert werden. Ob, das hängt auch von dem Ergebnis der Eignungsfest-

stellung ab. Die fliegerische Ausbildung beginnt in dem Fall nach einer praxisbezogenen Einführung auf Booten und Schiffen der Marine, einem Führungslehrgang und dem Lehrgang „Grundlagen Einsatz" im Anschluss an das Studium (nach etwa fünf Jahren).

Schiffsversorgungsoffizier

Aufgaben

Schiffsversorgungsoffiziere führen den Hauptabschnitt Zentrale Dienste. Ihnen untersteht das Personal der Materialbewirtschaftung, des Stabs- und Betreuungsdienstes und des Sanitätsdienstes. Der Hauptabschnitt hat mit allen Bereichen des Schiffes zu tun. So zahlen beispielsweise die Soldaten des Stabsdienstes der Besatzung die Bordzulage aus, die Soldaten des Verpflegungsdienstes, auch „Smuts" genannt, sorgen für das leibliche Wohl, und das Sanitätspersonal versorgt die Kranken. Organisatorisches Geschick und Flexibilität sind für Ihre umfangreiche Aufgabe unerlässlich.

Voraussetzungen und Ausbildung

Siehe Schiffselektrotechnik-Offizier. Die bevorzugte Studienrichtung ist die zum Diplom-Kaufmann.

Offizier im Marinesicherungsdienst

Aufgaben

Als Zugführer haben diese Offiziere vor allem die Aufgabe, die Kenntnisse und Fertigkeiten ihrer Soldaten zu vertiefen. Sie bilden sie aus, unterschiedlichste Aufträge auch unter Belastung im infanteristischen Objektschutz, der Überwachung, Sicherung und Verteidigung wahrzunehmen. Hier heißt es, selbst anzupacken, voranzugehen, anzuspornen und selbstständig Entscheidungen zu treffen. Ergänzend führen sie auch Waffen- und Schießausbildung, Sport, Unterricht im Wehrrecht und Politischer Bildung durch. Körperliche Fitness und die Bereitschaft, Verantwortung für die anvertrauten Soldaten zu übernehmen, sind Voraussetzung, um diese fordernde Aufgabe ausführen zu können.

Voraussetzungen und Ausbildung

Siehe Schiffselektrotechnik-Offizier.

6. Wichtige Anforderungen an Seeberufe

Aus den vorangegangenen Informationen ist ersichtlich geworden: den Seeberuf gibt es nicht. Daher wollen wir uns hier auf Anforderungen und Schlüsselqualifikationen beschränken, die für Seeleute – also Fahrensleute auf hoher See – ausschlaggebend sind. Der Grund: Der Seemannsberuf stellt in vieler Hinsicht eine Ausnahme dar, da hier ganz spezielle Voraussetzungen erfüllt werden müssen, ohne die eine Berufsausübung nicht möglich ist. Daher geht es im Folgenden nicht nur um Soft Skills im klassischen Sinne, sondern auch um körperliche, gesundheitliche und mentale Merkmale, die zwingend gegeben sein müssen.

6.1 Seediensttauglichkeit

Wer zur See fahren will, muss gesund sein. Daher sieht die so genannte Seetauglichkeits-Verordnung vor, dass alle zwei Jahre eine Seediensttauglichkeitsuntersuchung durchgeführt werden muss. Wer ein Studium der Nautik oder der Seebetriebstechnik aufnehmen oder Schiffsmechaniker lernen will, muss schon vorher nachweisen, dass er zum Beispiel
* mindestens 1,50 Meter groß ist und 45 Kilogramm wiegt,
* sehr gut hört,
* eine ausreichende Sehschärfe besitzt und nicht nacht- oder farbenblind ist und
* frei von schweren chronischen oder übertragbaren körperlichen und seelischen Krankheiten ist.

Welche, sind in der Verordnung detailliert aufgeführt. Der Grund scheint einleuchtend. Trotz hoch entwickelter Technik und eines gewissen Komforts auf modernen Schiffen ist die Besatzung doch besonderen Belastungen unter anderem durch Wetter, Wind, Maschinenlärm, Arbeitszeiten auch an den Wochenenden, aber auch durch lange Trennungszeiten von der Familie, eine gewisse Monotonie des Lebens über Wochen und Monate an Bord und Einsamkeit ausgesetzt.

Ein gültiges Seediensttauglichkeitszeugnis ist für alle Kapitäne und Besatzungsmitglieder auf Seeschiffen unter deutscher

Flagge erforderlich. Die Untersuchung ist für Jugendliche, die das 18. Lebensjahr noch nicht vollendet haben, kostenfrei. Auch wer bei der See-Berufsgenossenschaft gesetzlich unfallversichert ist, braucht dafür nichts zu bezahlen. Entrichtet der Arbeitgeber für seinen Arbeitnehmer keine Unfallversicherungsbeiträge an die See-Berufsgenossenschaft, ist die Seediensttauglichkeitsuntersuchung kostenpflichtig. Das kann zum Beispiel der Fall sein, wenn

• ein Heuerverhältnis unter ausländischer Flagge besteht,
• nur eine Krankenversicherung bei der See-Krankenkasse oder
• nur eine Rentenversicherung bei der Seekasse besteht.

Abhängig von den Anforderungen des Dienstzweiges beträgt die Gebühr für die erste Untersuchung zwischen 39 und knapp 80 Euro.

Das Seediensttauglichkeitszeugnis im Decks- und Maschinendienst ist üblicherweise für die Dauer von zwei Jahren gültig. Nur ein Jahre gilt es für

• Jugendliche unter 18 Jahren,
• unter 21-Jährige, die auf Fischereifahrzeugen beschäftigt werden,
• über 65-Jährige und
• Seeleute, die mit der Zubereitung von Speisen und Getränken beschäftigt sind.

Die Untersuchung wird nur von ganz bestimmten, von der See-Berufsgenossenschaft zugelassenen Ärzten durchgeführt. Dort ist auch eine Liste der Ärzte abrufbar.

6.2 Eignungstest für Hubschrauberpiloten der Marine

Drei Phasen müssen Bewerber für eine fliegerische Ausbildung durchlaufen, die sicherstellen sollen, dass nur geeignete und motivierte Kandidaten mit hohen Erfolgschancen die teure Ausbildung beginnen.

In Phase eins geht es um die allgemeine soldatische Eignung zum Offizier, die an der Offiziersbewerberprüfzentrale in Köln festgestellt wird. Neben der allgemeinen Intelligenz werden hier rechnerische und verbale Fähigkeiten erfasst. In Gruppendiskussionen und einem Eingangsinterview werden Gewissenhaftigkeit, Führungsfähigkeit, Planungs- und Organisationsgeschick sowie Leistungsbereitschaft geprüft. Die Bewerber müssen außerdem zeigen, dass sie sich gut konzentrieren können, ein gutes räumlich-dynamisches Vorstellungsvermögen besitzen und über Verständnis im physikalisch-technischen Bereich verfügen.

In Phase zwei werden schließlich gezielt fliegerische Grundfähigkeiten überprüft. Dies erfolgt zunächst am Flugmedizinischen Institut in Fürstenfeldbruck, wo der Bewerber fünf Tage einer medizinischen Untersuchung und flugpsychologischen Prüfungen unterzogen wird. Dazu gehören u.a. die Koordination von Augen, Händen und Füßen und die Mehrfachbelastung im Hinblick auf eine Aufmerksamkeitsverteilung. Verläuft das Verfahren positiv, erhält der Bewerber unmittelbar einen Termin zur weiteren Prüfung, die nach etwa zwei Monaten an der Heeresfliegerwaffenschule in Bückeburg erfolgt. Hier geht es vor allem um theoretisches fliegerisches Wissen.

Bewerber in der dritten Phase haben grundsätzlich ihre Eignung für militärische Führungsaufgaben nachgewiesen und besitzen die notwendigen psychomotorischen Voraussetzungen für eine fliegerische Ausbildung. Nun müssen sie anhand von Trainingsflügen am Flugsimulator beweisen, dass sie diese Fähigkeiten auch umsetzen können. Die einzelnen Flugaufträge (sechs Missionen) können die Bewerber in der Vorbereitung gemeinsam erarbeiten – das fördert den Gruppenzusammenhalt und erleichtert das Lernen komplexer Inhalte. Außerdem sind in dieser Phase Referate zu halten, Interviews zu absolvieren und im Unterricht müssen sie zeigen, dass sie die Lerninhalte erarbeitet haben und auf andere Situationen übertragen können. Wer die Phase drei erfolgreich abschließt, erfüllt somit alle flugpsychologischen Voraussetzungen, um auch die Hubschrauberführer-Grundausbildung zu bestehen, sowie die kommunikativen und sozialen Fähigkeiten, um kompetent im Team arbeiten zu können.

6.3 Was ein Kapitän empfiehlt

Matthias Wichmann berichtet von seinen Erfahrungen als Kapitän mit nautischem und technischem Patent. Er absolvierte zunächst eine Ausbildung zum Schiffsmechaniker und anschließend an der Fachhochschule den Studiengang zum Schiffsbetriebsoffizier. Vier Jahre fuhr er als Offizier zur See und wurde dann mit 29 Jahren zum Kapitän befördert (das Interview führte ⮞ www.reederverband.de).

Start in den Beruf

Seit wann interessierten Sie sich für einen seemännischen Beruf und wie gingen Sie vor, um Ihren Berufswunsch zu verwirklichen?
Kapitän Matthias Wichmann: „Für die Seefahrt interessierte ich mich schon immer. Ich bin an der Küste groß geworden. 1985/86 stand mein Entschluss fest und ich bewarb mich bei der Reederei Hapag Lloyd. Die Informationen bekam ich über das Arbeitsamt. Daraufhin setzte ich meinen Berufswunsch sehr zielstrebig um."

Was war die Reaktion Ihrer Freunde und Ihrer Familie darauf? Wie sind Sie damit umgegangen und wie gehen Sie heute damit um?
„Am Anfang war es schon schwierig. Die Skepsis von Freunden und Familie war groß. Mein Leben wurde buchstäblich umgestellt: Mit dem Fußball-Verein war erst mal nichts mehr. Darüber muss man sich im Klaren sein. Ich sehe die Vorteile meines Berufes, wenn ich im Jahr rund vier Monate daheim bin. Da kann ich am Haus basteln, alle Dinge in Ruhe tun und der individuelle Kontakt bleibt erhalten, auch wenn ich eine Zeitlang auf See gewesen bin."

Was hat Sie damals am meisten fasziniert und was war Ihr Ziel bei dieser Berufsausbildung?
„Als junger Mensch hatte ich keine große Vision; das entwickelte sich erst später. Als die Ausbildung erfolgreich verlief, die Seefahrt mich begeisterte und ich das Studium erfolgreich abschließen konnte, entwickelte sich mein Ziel. Es war der Wunsch, Kapitän zu werden. Eine gute Motivation war, als ich sehr rasch zum Ersten Offizier befördert wurde."

Berufsalltag

Was fasziniert Sie heute am meisten an Ihrem Beruf?
„Jede Reise ist eine neue Herausforderung, denn jede Reise ist anders. Die Reiseroute, das Wetter, die Umstände und die Menschen bieten jedes Mal neue Aufgaben. Es ist immer vielseitig und nie langweilig. Die Faszination liegt allerdings im Erfolg."

Was sind heute Ihre Ziele? Gibt es für Sie Aufstiegs- oder Weiterentwicklungsmöglichkeiten? Was wäre die Erfüllung eines Traumes?
„Ich bin mit meiner Stellung sehr zufrieden. Ich hätte Möglichkeiten, mich beruflich zu verändern, zum Beispiel als Lotse, in einer Seefahrtsbehörde, als Inspektor in einer Reederei oder als

Kapitän auf einem Passagierschiff. Aber das möchte ich im Moment nicht, denn mir gefällt mein Beruf, so wie er jetzt ist."

Haben Sie die Härten und Nachteile – die es in jedem Beruf gibt – in Ihrer Arbeit von Anfang an gekannt?
"Teilweise ja, teilweise nein. Jeder, der sich mit dem seemännischen Beruf auseinander setzt, weiß theoretisch, dass der Zeitpunkt kommt, wieder an Bord zu gehen. Und obwohl ich meinen Beruf liebe, ist der Abschied vom Landleben in der Praxis doch nicht ganz einfach."

Persönliche Erfahrungen

Was war für Sie in Ihrer bisherigen Karriere am schwersten?
"Das Studium. Wir waren damals der erste Studiengang für den Gesamtschiffsbetrieb und vieles musste sich erst einpendeln und organisiert werden. Das hat sich inzwischen mit Sicherheit positiv verändert."

Würden Sie bestimmte Dinge heute anders machen? Wenn ja, welche?
"Ich würde nichts anders machen. Ich würde exakt das gleiche studieren, denn für mich ist es die optimale Laufbahn."

Was macht Ihren Beruf für Sie wertvoll und was war Ihr größter Erfolg?
"Als ich das erste Mal in meiner Laufbahn als Kapitän ein eigenes Schiff betreut hatte und es heil in den Hafen zurück brachte. Das war ein tolles Gefühl."

Tipps für Berufseinsteiger

Welche Laufbahn würden Sie empfehlen bzw. was sollte der Berufsanfänger beachten in Bezug auf seine Begabungen und Ziele?
"Handwerkliches und naturwissenschaftliches Verständnis sollte der Seemann in spe mitbringen. Für das Studium sind gute Noten in Mathematik, Physik, in der deutschen und englischen Sprache sehr wichtig. Und er sollte bereit sein, sich in die vielfältigen Aufgabengebiete hineinzufinden: Menschenführung, juristisches und kaufmännisches Wissen sowie medizinische Grundkenntnisse sind für eine leitende Position an Bord sehr wichtig."

Wem würden Sie von einem seemännischen Beruf abraten?
"Generell abraten würde ich niemandem. Die beruflichen Zu-

kunftsperspektiven und Aufstiegsmöglichkeiten waren noch nie so gut wie heute."

Welche Tipps haben Sie für Berufseinsteiger?
„Auf jeden Fall sollte der zukünftige Seemann das Schiffspraktikum, das vom Verband Deutscher Reeder organisiert wird, machen und dabei ausprobieren, ob ihm dieser Beruf zusagt. Außerdem kann er den Verband Deutscher Reeder oder Bekannte, die zur See fahren, befragen und Informationen sammeln."

6.4 Allgemeine Schlüsselqualifikationen

Außerdem wird auf See auf einige charakterliche und persönliche Eigenschaften besonders viel Wert gelegt. Hier die wichtigsten:

Zuverlässigkeit
Zuverlässigkeit sollte eigentlich ganz normal sein. Aber gerade an Bord von Schiffen, wo alle auf Gedeih und Verderb aufeinander angewiesen sind und Versäumnisse zu schwierigen Situationen führen können, ist Zuverlässigkeit die oberste Tugend. Zudem bedingt der Schichtdienst, dass jeder mit der Zuverlässigkeit von Vorgänger und Nachfolger rechnen können muss.

Freude an Teamwork
Teamfähigkeit gehört überall zu den am meisten gewünschten Schlüsselqualifikationen. An Bord bekommt diese Fähigkeit besonderes Gewicht, da es keine Möglichkeit zum Ausscheren aus dem Team gibt. Jeder muss an seinem Platz das Nötige tun, damit der Gesamtorganismus Schiff funktioniert. Fakt ist: Wo Menschen eng zusammenarbeiten, muss es gegenseitige Rücksichtnahme und Kompromissbereitschaft geben sowie die Bereitschaft, sich nach Kräften in die Arbeit einzubringen. Arbeitsteilung verlangt zudem, dass sich einer auf den anderen verlassen und mit Zuverlässigkeit rechnen kann. Teamgeist wird in hohem Maße von der Schiffsleitung beeinflusst, d. h. von der Art und Weise, wie das Schiff geführt wird. Teamfähigkeit kann man in begrenztem Umfang erlernen, indem man sich etwa mit Techniken der Konfliktlösung befasst, lernt, ein schwieriges Gespräch vernünftig zu führen oder sich klar macht, dass Kompromisse nichts mit Schwäche zu tun haben.

Entschlusskraft

Eine Entscheidung auch in schwieriger Situation überlegt zu treffen, kann – vor allem für Führungskräfte – auf Schiffen überlebensnotwendig sein. Zwar sind Schiffe heutzutage relativ sichere, hoch technisierte Anlagen – aber dennoch den Gewalten des Meeres ausgesetzt. Schiffsunfälle sprechen eine eigene Sprache. Zögerliches Verhalten kann nicht nur das Schiff und seine Bestatzung in Gefahr bringen, sondern auch die Crew verunsichern. Daher ist es wichtig – natürlich nach Abwägung möglicher Alternativen und Folgen sowie nach Konsultation anderer Fachkräfte – eine selbstbewusste Entscheidung zu treffen. Offizieren mit reicher Erfahrung fällt das natürlich leichter als Anfängern.

Führungsfähigkeit

Eng mit der Entschlusskraft korrespondieren die allgemeinen Führungsqualitäten von Schiffsoffizieren. Mitarbeiterführung und -motivation gehört zu ihren elementaren Aufgaben. Wichtig ist zunächst, dass die Arbeit an Bord reibungslos läuft. Dazu ist es wichtig, die Balance zwischen Autorität und Verständnis zu halten. Zum einen muss dafür ihre Autorität außer Zweifel stehen. Zum anderen haben sie dafür zu sorgen, dass Konflikte in der Crew erkannt und gelöst werden und die Stimmung an Bord stimmt.

Durchsetzungsvermögen

Vor allem Frauen an Bord – aber nicht nur sie – brauchen eine gehörige Portion Durchsetzungsvermögen. Es darf ihnen nichts ausmachen, ihre Meinung vor einer Crew durchsetzen zu müssen, die wahrscheinlich größtenteils aus Männern besteht und meist nicht sehr zart besaitet ist. Sehr ruhige, in sich gekehrte Menschen werden daher wahrscheinlich Schwierigkeiten bekommen, vor allem wenn sie als Vorgesetzte Autorität benötigen. Petra Müllensiefen, Mitte 20 und Nautischer Offizier bei der Bremer Reederei Beluga Shipping GmbH, hat bereits zwei Jahre Fahrtzeit hinter sich, als Zweiter und Erster Nautischer Offizier. Sie kommt ursprünglich aus dem Ruhrgebiet und hat übers Segeln zur Schifffahrt gefunden. „Die Arbeit ist anstrengend", berichtet sie. „Mitternacht aufstehen und dann vier Stunden Brückenwache, wobei man in der Zeit die gesamte Verantwortung fürs Schiff hat, das hat's schon in sich. Man muss hellwach sein, sämtliche nautischen Geräte kontrollieren, die Position des Schiffes bestimmen und eintragen, das Wetter im Auge behalten usw. Die zweite Schicht beginnt dann um 12 mit einer weiteren Brückenwache. Außerdem habe ich mich zum Beispiel um die Sicherheit an Bord, um das Hospital und natürlich um die Mannschaft an Deck gekümmert. Im Hafen ist dann die Überwachung des Ladungsumschlags die wichtigste Aufgabe." Sie hat herausgefunden, dass Durchsetzungskraft verbunden mit einer gewissen Distanz zur Crew die beste Mischung ist.

Belastbarkeit

Die Belastungen an Bord sind vielfältig: Lange, zum Teil unregelmäßige Schichten, die Begrenzung auf einen engen Raum, der nicht verlassen werden kann, der direkte und intensive Kontakt zu Menschen mehrerer, oft fremder Kulturen, lange Trennungszeiten von der Familie, unter Umständen ein eintöniger Tagesrhythmus – da kommt einiges zusammen. Obwohl die Seediensttauglichkeitsuntersuchung einen Aufschluss darüber gibt, ob man den Belastungen gewachsen sein wird: Endgültig zeigt es sich erst auf wochen-, manchmal monatelanger Fahrt. Erfahrungen zeigen: Wer sich einerseits durchsetzen und gut mit anderen Menschen auskommen, sich andererseits aber auch auf sich selbst zurückziehen kann, der hat die besten Chancen.

Technisches Interesse

Moderne Handelsschiffe sind gigantische technische Anlagen. Die Maschine ist vergleichbar mit einem Kraftwerk, die Nautik ebenfalls eine auf Naturwissenschaft und Technik basierende Wissenschaft. Kein Wunder, dass von künftigen Offizieren technisches Grundverständnis verlangt wird. Romantisch verklärte Vorstellungen von der Seefahrt sind fehl am Platze und zerschlagen sich bei angehenden Seeleuten meist schon während ihrer ersten Fahrt zu Beginn des Studiums. Wer dagegen technischen Problemen sowie dem Zusammenspiel von Natur und Technik auf See aufgeschlossen gegenübersteht, wird seine Erwartungen erfüllt sehen.

7. Information und Jobsuche

Bevor es an die konkrete Suche nach einem Job oder einer Ausbildungsmöglichkeit geht, wollen sich die meisten Interessenten noch tiefgehender über die gewünschte Branche informieren. Die im Adressteil angeführten Verbände und Vereine sind dafür geeignete Ansprechpartner. Außerdem stehen weitere Möglichkeiten zur Verfügung.

7.1 Fachzeitschriften

Fachzeitschriften haben den Vorteil, dass sie meist nicht nur aktuelle fachspezifische Informationen vermitteln, sondern meist auch bei der Berufswahl und der Jobsuche helfen können, etwa wenn sie Adressen und Berichte von Unternehmen und Berufsverbänden oder Stellenanzeigen veröffentlichen. Für Studenten und Auszubildende gibt es nicht selten günstige Abonnementpreise. Wer auch die sparen will, kann sich Fachzeitschriften in größeren Bibliotheken ausleihen. Auch Hochschulbibliotheken haben meist einen großen Fundus.

THB Deutsche Schiffahrts-Zeitung
Tagesaktuell wie keine andere deutschsprachige maritime Publikation informiert sie kompetent und mit Hintergrund aus allen Bereichen der Schifffahrt (Linienschifffahrt, Tramp, Ro/Ro, Container), des Schiffbaus und der Hafenwirtschaft. Sie erscheint täglich im Seehafen Verlag Hamburg (040 / 2 37 14-121).

New Ships – Schiff & Hafen-Newsletter
New Ships ist der exklusive, wöchentliche Informationsdienst in englischer Sprache, der in kurz gefassten Meldungen und Nachrichten klar und präzise über die wichtigsten Entwicklungen in der weltweiten Schiffbau-Industrie berichtet. Hauptteil des Informationsdienstes, der auf das gesamte internationale Korrespondentennetz der renommierten Fachzeitschrift „Schiff & Hafen" zurückgreifen kann, sind die weltweiten Meldungen über „Prospects and Orders" von Schiffsneubauten. Er erscheint wöchentlich im Seehafen Verlag Hamburg (040 / 2 37 14-157).

International Maritime Journal

Im Schiffahrts-Verlag Hansa C. Schroedter & Co. in Hamburg (040 / 97 13 206) erscheint das „International Maritime Journal". Es befasst sich monatlich national und international mit allen für die Schifffahrt relevanten Themen, wie Schifffahrt, Finanzierung, Marktanalysen, Schiffsbetrieb, nautische Ausrüstungen, Kommunikationstechnik, Häfen und Logistik, Häfen und Wasserstraßen, Umschlaganlagen und -geräte, Hafen- und Wasserbauausführung, Schiffbau und Zulieferindustrie, Schiffsbeschreibungen sowie Marineschiffbau und Ausrüstung.

Internationales Verkehrswesen

Zehn mal im Jahr erscheint diese Zeitschrift des Deutschen Verkehrs-Verlages Hamburg (040 / 2 37 14-01). Mit einem international renommierten Verkehrsexperten als Herausgeber – Prof. Dr. Gerd Aberle – und einem Beirat, der sich aus Vorständen, Geschäftsführern und Top-Managern der gesamten Verkehrsbranche zusammensetzt, ist „Internationales Verkehrswesen" eine der führenden europäischen Verkehrsfachzeitschriften für Wissenschaft und Praxis. Ob Straße, Schiene, Luft und Wasser oder ÖPNV: Der Leser erhält Monat für Monat Informationen über Hintergründe, Entwicklungen und Perspektiven der gesamten Branche.

Schiff & Hafen

Internationale Fachzeitschrift für maritime Technik und Wirtschaft. Schiffbau-Ingenieure, Fach- und Führungskräfte aus Reedereien, der Seeverkehrswirtschaft und der maritimen Industrie werden hier Monat für Monat über die gesamte Bandbreite moderner Schiffbautechnologie, Schiffsbetriebsführung und maritimer Wirtschaft und Technik informiert. Schiff & Hafen ist zugleich das Fachorgan des Verbandes Deutscher Kapitäne und Schiffsoffiziere e.V. (VDKS), der Schiffbautechnischen Gesellschaft e.V. (STG), des Germanischen Lloyd und des Verbandes für Schiffbau und Meerestechnik e.V. (VSM). Erscheint im Seehafen Verlag Hamburg (040 / 2 37 14-02).

Schiffbau-Industrie

Zweimal jährlich informiert der VSM Verband für Schiffbau und Meerestechnik mit seiner Hauszeitschrift die breite Öffentlichkeit über die Entwicklungen und Tendenzen in der deutschen Schiffbau-Industrie und der gesamten maritimen Technik-Industrie. Erscheint im Seehafen Verlag Hamburg (040 / 2 37 14-02).

Shipping Statistics and Market Review

Die englischsprachige Veröffentlichung gliedert sich wie folgt: Monatliche Kurzinformationen zu wichtigen Angebots- und Nachfrageindikatoren im Bereich Schifffahrt und Schiffbau, kontinuierliche statistische Auswertungen der Schifffahrts- und Schiffbaumärkte, Informationen über Seehandels- und Frachtratenentwicklungen, Angaben über Weltseehäfen sowie den Schiffs- und Güterverkehr der Seekanäle sowie detaillierte statistische Analysen einzelner Märkte. Institut für Seeverkehrswirtschaft und Logistik Bremen (04 21 / 2 20 96-38).

Gefährliche Ladung

Frühzeitige, detaillierte und kontroverse Informationen für Leute, die mit Gefahrgütern zu tun haben. „Gefährliche Ladung" behandelt alle Aspekte der gefährlichen Ladung, vom Produktionsort bis hin zum Empfänger. Monatliches Erscheinen im Storck Verlag Hamburg (040 / 7 97 13-01).

Deutsche Logistik-Zeitung

Dreimal wöchentlich im DVZ Deutschen Verkehrs-Verlag (040 / 2 37 14 124) erscheint diese internationale Fachzeitung für Transport und Logistik. Sie befasst sich mit den hochspezialisierten Themenkreisen Transport und Logistik, beobachtet Trends und Märkte und gibt einen Überblick über die ganze Branche. Angeschlossen ist eine Online-Jobbörse, die jeden Donnerstag die neuesten Angebote offeriert. Vorteil für Studenten: Sie erhalten die DVZ zum halben Preis, statt für 22,42 Euro monatlich für 11,21 Euro (zzgl. MwSt).

Fracht-Dienst

Der „Fracht-Dienst" ist eine führende Fachzeitschrift für Lager, Logistik, Transport und Verkehr. Leser sind die Entscheidungsträger der Industrie, des Handels und des Verkehrs in Deutschland. Sie erscheint alle zwei Monate im Verlag Fracht-Dienst (05 31 / 2 34 61 97).

Hebezeuge und Fördermittel

Diese monatlich erscheinende Fachzeitschrift für rationelle Fördertechnik und Logistik gibt fachliche Informationen für Hersteller und Anwender von Fördertechnik. Schwerpunkte: Flurförderzeuge, Kran- und Hebetechnik, Transport- und Umschlagtechnik, Antriebs- und Getriebetechnik und Lagertechnik. Erscheint in der Huss Medien GmbH Berlin (030 / 4 21 51-0).

Bund und Beruf
Zeitschrift für Zeitsoldaten der Bundeswehr. Sie vermittelt Informationen zur Wiedereingliederung in den Zivilberuf, Bildungsangebote und Umschulungsmöglichkeiten. Sie erscheint vier Mal im Jahr im A. Bernecker Verlag (0 56 61 / 7 31).

Hydrologie und Wasserbewirtschaftung
Die Zeitschrift enthält wissenschaftliche Aufsätze, Kurzberichte und Nachrichten zu Hydrologie und Wasserbewirtschaftung sowie zu verwandten Gebieten. Herausgeber ist die Bundesanstalt für Gewässerkunde in Koblenz (02 61 / 13 06 53 54).

Offshore
Der Themenbereich dieser monatlich bei Sicking Industrial Marketing in Essen (02 01 / 77 98 61) erscheinenden Fachzeitschrift umfasst unter anderem Seismic, Exploration, Drilling, Production, Pipelining, Transport, Planung, Bau und Betrieb von Bohr- und Förderanlagen und die gesamte Palette der Dienstleistungen.

7.2 Messen

Messen sind eine gute Gelegenheit, um sowohl die Branche als auch mögliche Arbeitgeber kennen zu lernen. Meist sind sie von vielfältigen Foren und Symposien begleitet, die für Fachpublikum Informationen aus erster Hand bieten. Wer nicht selbst dabei sein kann, hat oft die Möglichkeit, sich vom Veranstalter Unterlagen zuschicken zu lassen. Im Folgenden werden einige der wichtigsten nationalen und internationalen Messen der Schifffahrtsbranche vorgestellt.

Shipbuilding, Machinery & Marine Technology Trade Fair
Die SMM ist das maßgebliche Forum für die Entscheidungsträger aller Schiffbaunationen: Reeder, Top-Manager, Ingenieure und Techniker treffen sich in Hamburg, um neueste Informationen auszutauschen und richtungweisende Entscheidungen zu treffen. Von den zahlreichen Vertragsabschlüssen profitieren auch die maritimen Zulieferer, die das Gros der SMM-Aussteller bilden, allen voran die Elektronikhersteller und die Motorenbauer. Nach Hochrechnungen des VDMA liegt der Weltmarkt für maritime Zulieferprodukte in der Größenordnung zwischen 60 und 65 Milliarden Euro. 1.450 Aussteller aus 50 Nationen, 42.000 Fachbesucher aus allen Kontinenten, Vertragsab-

schlüsse im Milliardenbereich und mehr Innovationen als je zuvor kennzeichneten die Veranstaltung 2004. Diese Rekordzahlen der Leitmesse des Weltschiffbaus zeigen einmal mehr die Widerstandsfähigkeit der Schiffbaubranche und ihre optimistische Weitsicht auch in Zeiten verhaltenen Wirtschaftswachstums.

Die SMM 2006, die vom 26. bis 29. September 2006 wieder in Hamburg stattfindet, wird erneut mit zahlreichen Innovationen aufwarten, die den gestiegenen Ansprüchen an wettbewerbsfähige Schiffe gerecht werden.

⊕ Info: www.hamburg-messe.de/smm/smm_de/start_main.php

Internationale Konferenz für maritime Logistik

Maritime Logistik ist Dreh- und Angelpunkt in der weltweiten logistischen Wertschöpfungskette. Hierzu gehören die Schnittstelle Hafen mit all ihren Dienstleistungen ebenso wie die Transport- und Umschlagsabläufe, die Mehrwertdienstleistungen sowie die Information und Kommunikation zwischen den verschiedenen Partnern der Transportketten und den Kunden.

Die marilog ist einmalig. Sie wurde erstmals im Jahr 2000 als „Business Convention" und Marktplatz für die Akteure der maritimen Logistik eingeführt und in 2002 erfolgreich weiterentwickelt. Während die maritime Logistik bei den meisten Logistikveranstaltungen höchstens ein Randthema ist, steht sie bei der marilog im Mittelpunkt. Aktuelle Analysen und Befragungen von Hafenbetrieben und Hafenlogistikern zeigen den Bedarf und das große Interesse an einem eigenständigen Fachevent der maritimen Logistik. Die Messe findet vom 31. Mai bis 1. Juni 2005 in München statt.

⊕ Info: www.marilog.de/de/index.php

ShortSeaShipping Bilbao

Im März 2005 fand diese Fachmesse für Schiffstransport auf kurzen Distanzen statt. Diese internationale Konferenz und Ausstellung befasst sich mit allen Themen rund um das Shortseashipping und stellt Best-Practice-Beispiele vor. Sie findet im Conference Centre and Concert Hall der spanischen Stadt statt. Hafenmanager sind hier ebenso vertreten wie Schiffseigner und Fachleute zur See.

⊕ Info: www.short-sea.de

Kongressmesse Seatrade Europe 2005

Die Kongressmesse für die Kreuzfahrt-, Fähr- und Flusskreuzfahrtindustrie Seatrade Europe 2005 zählt in diesem Jahr zu den Highlights der Branche und gilt als wichtiges europäisches

Stimmungsbarometer für das maritime Tourismusgeschäft. Sie findet am 1. und 2. November 2005 bereits zum dritten Mal im Hamburger Congress Centrum CCH statt. Nachdem sich 2003 bereits 180 Aussteller, 600 Kongressdelegierte und über 2.100 Fachbesucher in Hamburg trafen, rechnen die Veranstalter 2005 mit einem noch größeren Andrang.

Info: www.seatrade-europe.com

Marintec China

Zum 13. Mal findet vom 6. bis 9. Dezember 2005 diese wichtigste chinesische Schiffbaumesse und zugleich bedeutendste Fachmesse der Branche in Asien statt. Im Jahr 2003 stellte Deutschland mit 83 Unternehmen die größte ausländische Beteiligung. Auf 18.000 Quadratmetern Ausstellungsfläche waren im Shanghai New International Expo Center insgesamt 809 Unternehmen aus allen wichtigen Schiffbaunationen vertreten. Erstmals gab es 2003 auch einen German Day, auf dem die deutschen Zulieferer über Sicherheit, Systemkomponenten und High-Tech-Anwendungen im Schiffbau-Zulieferbereich informierten.

Info: www.vdma.org, E-Mail hauke.schlegel@vdma.org

Kormarine Korea

Diese nach der Marintec zweitwichtigste asiatische Schiffbaumesse fand 2003 bereits zum 13. Mal statt. Der nächste Termin ist der 5. bis 8. Oktober 2005. Veranstaltungsort ist das neue Messegelände „Bexco" im koreanischen Pusan. 20.000 Fachbesucher wollten sich 2003 informieren und Geschäfte abschließen. Zeitgleich fanden die Teilmessen „SeaPort" und „Naval and Defence" statt.

Info: www.vdma.org, E-Mail hauke.schlegel@vdma.org

Offshore-Spezialmesse OTC Texas

Diese Messe, die zuletzt 2004 stattfand, gilt als der unangefochtene Treffpunkt der Experten aller Regionen der Offshore-Industrie. 110 Nationen waren mit Ausstellungs- und Konferenzbesuchern vertreten. Auch 20 deutsche Firmen waren auf dem Gemeinschaftsstand Deutschlands vertreten. 2.124 Aussteller insgesamt zeigten in der gigantischen Messehalle des Reliant Center in Houston auf fast 40.000 Quadratmetern ihr Know-how.

Info: www.vdma.org, E-Mail hauke.schlegel@vdma.org

Sea Japan

Für den großen Schiffbaumarkt Japan ist die Sea Japan die wichtigste Fachmesse. 2004 wurde sie zum sechsten Mal durchgeführt. Bei der letzten Messe im Jahr 2004 war Deutschland mit zehn Firmen vertreten.

Info: www.vdma.org, E-Mail hauke.schlegel@vdma.org

APM Singapur

Singapurs maritime Industrie leidet unter der wachsenden Konkurrenz aus China, Südasien und dem Mittleren Osten, die mit erheblich geringeren Arbeitskosten bei steigender Qualität aufwarten. Dennoch bleibt die einmalige geografische Lage Singapurs inmitten der Hauptschifffahrtslinien ein Trumpf für seine Position als weltweit wichtigstes Service- und Reparaturzentrum für die Schifffahrt. Der Service-, Reparatur- und Ersatzteilmarkt spielt auch eine wichtige Rolle auf der APM. Im Jahr 2004 fand die letzte Messe statt, an der sich Deutschland mit einem Gemeinschaftsstand von acht deutschen Firmen beteiligte.

7.3 Jobsuche

Für die gezielte Jobsuche ist es vorteilhaft, spezielle Ansprechpartner, Vermittlungsstellen und Online-Jobbörsen zu kennen. Im Folgenden wollen wir daher einige der wichtigsten kurz vorstellen.

Zentrale Heuerstelle Hamburg (ZHH)

Seit 2003 können sich alle Arbeitsuchenden aus der See- und Küstenschifffahrt sowie der Hochseefischerei an diese zentrale Arbeitsvermittlung für Seeberufe wenden, die der Arbeitsagentur Hamburg angegliedert ist. Sie ist für das gesamte In- und Ausland tätig. Neben der schnelleren Vermittlung zählt zu ihren Aufgaben auch die Beratung von Arbeitgebern und Bewerbern. Zu den Kunden der ZHH zählen Arbeitgeber für seemännische Berufe und Arbeitsuchende, die sich für eine Ausbildung oder Beschäftigung als Deck- und Maschinenpersonal, als nautisches oder als seemännisches Personal anderer Bereiche auf See interessieren. Die Adresse ist am Ende des Buches zu finden.

Berufsbildungsstelle Seeschifffahrt e.V.

Hier sind keine Jobs zu finden, aber grundlegende Informationen und Hilfen in Bezug auf die Ausbildung in den Berufen der

Seeschifffahrt. Die Aufgaben der Berufsbildungsstelle See-schifffahrt e.V. (BBS) sind vergleichbar mit den Aufgaben der Industrie- und Handelskammern oder Handwerkskammern als zuständige Stellen nach dem Berufsbildungsgesetz. Allerdings nicht nur für einen bestimmten Bezirk, sondern für den gesamten Bereich der deutschen Küste und damit auch für das ganze Bundesgebiet. Sie berät alle an der Ausbildung Beteiligten und überwacht die Ausbildung, nimmt die Prüfungen zum Schiffsmechaniker ab, informiert über Möglichkeiten der Berufsausbildung und erkennt Schiffe als Schulschiffe an.

Jobbörsen im Internet

Neben den großen Jobbörsen, die Stellen aus allen Branchen anbieten, wie Arbeitsagentur.de, Monster.de, Jobpilot.de, Stepstone.de, Randstad.de, Stellenmarkt.de, Berufsstart.de, Jobscout24.de, Jobticket.de, Jobware.de und Jobmonitor.com, gibt es solche, die sich auf die maritime Branche spezialisiert haben.

Maritime-trade-press.com
Diese Seite ist ein Angebot des Seehafen Verlags Hamburg. Bewerber können unter den Angeboten wählen oder ein Stellengesuch aufgeben (040 / 2 37 14-02).

Shippingjobs.de
Herausgeber dieser Seiten ist AMB! Consulting aus Hamburg (E-Mail info@ambconsulting.de (040 / 86 66 28 88). Es gibt Seiten für Bewerber und für Unternehmen. Vermittelt wird deutschland-, europa- und weltweit.

Connectjobs.de
Speziell Jobs auf Kreuzfahrtschiffen vermittelt diese Jobbörse. Dazu kommen interessante Informationen aus der Welt der Kreuzfahrt. Herausgeber ist Connect-Worldwide Recruiting aus Hannover (051 / 3 68 89 33).

Animateure.de
Inhaber dieser Seite speziell für Animationsberufe ist die FROG Entertainment e. K. aus Celle. Hier gibt es jede Menge Informationen rund um den Beruf des Animateurs sowie aktuelle Stellenangebote.

Shippingjobs.com

Auch diese englischsprachige Website ist in Großbritannien beheimatet. Herausgeber ist die Spinnacker Consulting Ltd. Für Jobs aus den Bereichen Schiffsindustrie, Versicherungen, Energiebranche, Transport- und Logistik, Hafenwirtschaft sowie Rohstoffmarkt und internationaler Handel. Interessenten können ihre eigenen Daten eingeben und in vorhandenen Angeboten suchen.

Marine-recruitment.com

Diese britische Jobdatenbank ist spezialisiert auf Angebote der maritimen Industrie. Arbeitgeber und Agenten geben hier direkt ihre freien Stellen ein, Interessenten können sich registrieren lassen und dann in den angebotenen Stellen suchen. Bewerber können ebenfalls ihre Daten eingeben und sich Angebote unterbreiten lassen. Alles in englischer Sprache.

Hotel-career.de

Diese Website eignet sich für Interessenten, die in die Passagierschifffahrt einsteigen wollen. Sie hält jede Menge Informationen rund um Bewerbung und Beruf bereit, wie Stellenangebote, Unternehmen A–Z, Bewerberservice, Fort- & Weiterbildung, Arbeiten im Ausland, Bewerbungs-ABC, Gehalts-ABC, Gehaltsrechner, Stellenbeschreibungen sowie Ausbildung/Trainee. Herausgeber ist die Düsseldorfer Hotel Career AG. Rund 2.200 Stellenangebote stehen online, Bewerber können Stellengesuche aufgeben sowie Lebenslauf und Anschreiben hinterlegen.

Cruisejoblink.com

Online-Börse speziell für die Kreuzschifffahrt. Mehr als 5.000 Kontakte zu Arbeitgebern werden versprochen. Es wird unter anderem darüber informiert, dass 2005 weltweit mehr als 60 neue Kreuzfahrtschiffe in Dienst gestellt werden und Personal in einer Größenordnung von 40.000 Mitarbeitern gesucht werden – aller Altersklassen und Fähigkeiten. Hinter der Börse steht die International Jobs Publishers Inc. aus Miami.

Cruisejobfinder.com

Herausgeber dieser Seiten ist eine gleichnamige Firma aus Seattle, Tochterunternehmen von M&L Research, Inc. Sie vermittelt Stellen für die Kreuzschifffahrt weltweit.

Crew-List-Index

(http://fmg-www.cs.ucla.edu/geoff/cruisecrew/)

Hier suchen Skipper aus der ganzen Welt Besatzungen für Segel-Regatten. Verantwortlich für die Seite ist der Amerikaner Geoff Kuenning. Interessenten können sich direkt zu dem Betreffenden durchklicken, der eine Crew sucht, und mit ihm Verbindung aufnehmen.

http://offshoreguides.com

Spezielle Börse vor allem für Jobs auf Bohrinseln, aber auch für andere maritime Jobs. Beheimatet ist sie bei der Firma Offshore Guides, LLC, in South Mississippi.

Bioberufe.de

Dies ist eine spezielle Jobbörse für alle Berufe rund um die Biologie, unter anderem auch für Meeresbiologen. Dazu gibt's jede Menge Informationen rund um Studium und Bewerbung sowie Firmenprofile.

8. Berufseinstieg

In die maritime Branche, das wurde im 5. Kapitel schon deutlich, können Interessenten sowohl über eine Berufsausbildung, über ein Studium, aber auch über Fortbildungen einsteigen. An einigen ausgewählten Beispielen wollen wir im folgenden typische Einstiegsmöglichkeiten beleuchten.

8.1 Schülerpraktikum

Der erste Schritt auf dem Weg in die Höhen der Seefahrt beginnt nicht selten mit einem Schülerpraktikum. Wer sich für eine Ausbildung zum Schiffsmechaniker vor einem Studium interessiert, der sollte solch einen Ferieneinsatz auf alle Fälle in Betracht ziehen. Wer die Schule abgeschlossen hat, kann auch außerhalb der Ferien die Seefahrt erkunden. Denn: Reederein besetzen ihre Ausbildungsplätze gern mit ehemaligen Schiffspraktikanten, die sie schon kennen. Wenn das 16. Lebensjahr vollendet ist, die Eltern einverstanden sind und von der Seetauglichkeit her nichts dagegen spricht, kann solch ein Einsatz den Berufswunsch bestärken – oder auch rechtzeitig korrigieren. Interessenten melden sich bei der oben erwähnten Berufsberatung der Zentralen Heuerstelle Hamburg (Agentur für Arbeit) unter Telefon 040 / 76 74 42 03/2 10.

Der Sinn des Schiffspraktikums besteht darin, Jungen und Mädchen, die den Seemannsberuf ergreifen wollen und vor der Berufswahlentscheidung stehen, einen praxisbezogenen Einblick in die Arbeits- und Lebenswelt an Bord zu vermitteln. Andere Gründe können wegen der beschränkt zur Verfügung stehenden Bordplätze nicht berücksichtigt werden. Notwendig sind neben der Seediensttauglichkeit
* ein Gespräch bei der Berufsberatung, um festzustellen, ob ein ernsthafter Berufswunsch besteht,
* ein Erste-Hilfe-Kurs,
* das Einverständnis der Eltern bei unter 18-Jährigen,
* das Einverständnis der Schule, dass es durch Reiseverspätung des Schiffe zu Überschreitung der Ferienzeit kommen kann,
* ein gültiger Reisepass und Lohnsteuerkarte.

Die einstellende Reederei benachrichtigt die Praktikanten kurzfristig vor der Abreise des Schiffes. Das ergibt sich aus der Besonderheit des Schifffahrtsgewerbes. Die Abfahrten der Schiffe fallen auch nicht alle auf den ersten Ferientag. Dadurch ist es durchaus möglich, dass einzelne Bewerber bis in die ersten Ferientage hinein auf einen Bescheid warten müssen. Auch Absagen sind möglich, wenn nicht genug Bordplätze zur Verfügung stehen.

An Ausrüstungsgegenständen werden benötigt:
• Arbeitskleidung (z. B. Jeans),
• Waschzeug/Rasierzeug,
• festes Schuhzeug,
• warme Unterwäsche, Pullover, Mütze usw.

8.2 Einstieg über eine Berufsausbildung

Eine Berufsausbildung ist ein solider, gangbarer Weg, um sichere Grundlagen für eine weitere berufliche Karriere zu legen. Auch oder gerade wer später noch studieren will, ist mit einer Berufsausbildung gut beraten. Zum einen erfüllt er damit in vielen Fällen die oft gestellte Forderung nach Praktika vor Beginn des Studiums. Zum anderen können Berufsausbildung und Berufspraxis ein Pluspunkt bei den Auswahlverfahren der Hochschulen sein: Ein mögliches Kriterium, nach denen die Hochschulen ab sofort in bundesweit, aber auch örtlich zulassungsbeschränkten Studiengängen ihre Studenten auswählen können, ist Berufserfahrung. Wer nach der Schule schon gearbeitet hat, kann zudem Vorteile bei der Bewilligung von BAföG genießen. Und schließlich ist eine abgeschlossene Lehre auch dann ein sicheres Pfand, falls – aus welchen Gründen auch immer – das beabsichtigte Studium verschoben oder ganz aufgegeben werden muss.

Schiffsmechaniker

Der klassische Ausbildungsberuf für die Seefahrt ist auch heute noch der Schiffsmechaniker. Obwohl inzwischen auch ohne diesen Einstieg eine Offizierskarriere auf Handels- und Passagierschiffen möglich ist – wir kommen im nächsten Abschnitt darauf zu sprechen – empfehlen viele Praktiker nach wie vor diesen Weg. Der Grund: Wichtige Fertigkeiten und Erfahrungen kann der künftige Seemann nur während einer längeren Fahrenszeit erwerben. Die Berufsbildungsstelle Seeschiffahrt argumentiert so: „Streben Sie ein nautisches oder technisches Befähigungszeugnis als Schiffsoffizier oder Kapitän an, bildet die Berufsausbildung zum Schiffsmechaniker ein wichtiges und solides Ausbildungsfundament. Die auf diesem Weg erworbenen Grundfertigkeiten und -kenntnisse sind bei immer geringer besetzten Schiffen gerade für Führungskräfte unverzichtbar und sichern Ihnen bei der Arbeitsplatzsuche in der Seeschifffahrt möglicherweise auch Wettbewerbsvorteile. Die Beschäftigungsmöglichkeiten für Schiffsmechaniker und Schiffsoffiziere sind aus heutiger Sicht sehr gut."

Die Bewerbung erfolgt direkt bei einer ausbildenden Reederei; die Liste kann bei der Berufsbildungsstelle (Adresse am Schluss) angefordert werden. Die Ausbildung kann jederzeit beginnen und findet im Decks-, Brücken- und Maschinenbetrieb statt, und zwar auf Seeschiffen, die als Ausbildungsstätten anerkannt sind. Dreimal zehn Wochen drückt der künftige Seemann die Schulbank, ansonsten ist er auf See. In der Schulzeit ist er im Internat untergebracht. Die Berufsschulen befinden sich in Rostock, Travemünde und Elsfleth. Dort finden dann auch die theoretischen Prüfungen statt. Die Ausbildung dauert in der Regel drei Jahre, sie kann sich um ein halbes Jahr verkürzen, wenn der Azubi zum Beispiel schon einen Metall- oder Elektroberuf erlernt oder die Hoch- bzw. Fachhochschulreife hat. Vor Antritt der Lehre müssen die schon beschriebene Seediensttauglichkeit nachgewiesen sowie eine Einführungsausbildung an Bord und ein Sicherheitstraining absolviert werden. Vorteil: Wer Schiffsmechaniker lernt und Schiffsoffizier werden will, muss in aller Regel keinen Wehrdienst ableisten, sondern kann sich für die gesamte Ausbildungsdauer bis zur Erteilung des Befähigungszeugnisses zum nautischen/technischen Schiffsoffizier zurückstellen lassen.

Mit der Ausbildung als Schiffsmechaniker sind die besten Voraussetzungen für eine weitere Karriere in der Handelsschifffahrt gelegt. Es kann sich danach ein Fachschul- oder ein Fachhochschulstudium anschließen. Allerdings wird für die Hochschule ein allgemeines oder fachbezogenes Abitur vorausgesetzt. In Abhängigkeit vom Studium besteht die Möglichkeit, als technischer oder nautischer Schiffsoffizier oder als Schiffsbetriebsoffizier zur See zu fahren.

Schiffsbetriebstechnischer Assistent

Zwar handelt es sich hierbei um keine duale Berufsausbildung, ist aber für Schulabgänger mit Realschulabschluss die geeignete Ausgangsbasis für eine weitere Entwicklung. Wer diesen Abschluss in der Tasche hat, kann direkt – ohne eine Ausbildung als Schiffsmechaniker oder in einem anderen geeigneten Beruf und ohne zusätzliche Seefahrtszeit – ein Fachschulstudium an der Seefahrtsschule Cuxhaven beginnen.

Angeboten werden Lehrgänge für die Fachrichtungen Technik, Nautik und Fischerei. Im Bereich Technik ist das angestrebte Bildungsziel der Schiffsbetriebstechniker, im Endeffekt also der Leiter der Maschinenanlage. In den ersten beiden Ausbildungsjahren wird der Abschluss als Schiffsbetriebstechnischer Assistent erworben, wobei sich schulische Ausbildung mit Zeiten auf See abwechseln. Es folgen 18 Monate auf See und anschließend vier Semester Ausbildung an der Seefahrtsschule. Im Bereich Nautik geht es nach der zweijährigen Ausbildung zum Schiffsbetriebstechnischen Assistenten mit 12 Monaten Seefahrt und anschließenden vier Semestern Ausbildung an der Seefahrtsschule weiter. Ziel ist die Abschlussprüfung zum Nautiker, mit der man letztendlich Kapitän für alle Fahrgebiete werden kann. Im Bereich Fischerei, das als Ausbildungsziel den Nautiker bzw. Kapitän für Hochseefischer hat, verläuft die Ausbildung ähnlich wie beim Nautiker, nur dass die vier Semester Ausbildung in der Spezialrichtung Hochseefischerei erfolgen.

Schifffahrtskaufmann

Schifffahrtskaufleute werden in Reederei- oder Schiffsmaklerbetrieben ausgebildet. Sie lernen, wie der Transport von Gütern im Seeverkehr geplant und organisiert wird. Im Einzelnen behandeln sie folgende Themen:
- Erheben und Auswerten von Informationen über Häfen und Schifffahrtswege,
- Schiffsabfertigung und Klarierung (Zollformalitäten beim Ein- und Auslaufen eines Schiffes),
- Marketing, Marktbeobachtung,
- Abfallvermeidung und -entsorgung,
- Rechnungswesen, Kosten- und Leistungsrechnung,
- Gewinnen und Pflegen von Kundenkontakten, Kundengespräche,
- logistische Abläufe,
- betrieblichen Planung, Steuerung und Controlling,

- Vor- und Nachteile des intermodalen Transports (Kombination verschiedener Verkehrsträger),
- Überwachung von Containereinsätzen und Rundlaufzeiten,
- Ladungsbuchung und Abwicklung der Verladung,
- Haftpflicht- und Kasko-Risiken.

Konstruktionsmechaniker (früher Schiffbauer)

Den Beruf des Schiffbauers gibt es schon seit 1987 nicht mehr. Seit Anfang des Jahres wurde zudem die Spezialisierung zum Konstruktionsmechaniker für Metall- und Schiffbautechnik zugunsten einer allgemeinen Ausbildung abgelöst. Nach der Grundausbildung im Bereich Metalltechnik sieht die dreieinhalbjährige duale Ausbildungen einen Durchlauf durch die fachspezifischen Ausbildungsstationen vor. In einem Konstruktionsbüro wird der Umgang mit Konstruktionszeichnungen und Linienrissen erlernt, um das Ausarbeiten von Schiffbauteilen zu beherrschen. Dies umfasst die Erstellung technischer Unterlagen, wie Zeichnungen für die automatischen Brennschneidemaschinen, Skizzen, Maßblätter oder Schablonen für die Fertigung. Hieran schließen sich Lehrgänge im Schweißen und Brennschneiden an, um für die Ausbildung in der Einzelteilfertigung und Vormontage gerüstet zu sein. Erlernt wird außerdem der Umgang mit großen Maschinen, wie etwa Pressen, Spantbiegemaschinen, Walzen oder Brennschneidemaschinen. Abschließend erfolgt in Teamarbeit die Montage der Einzelteile zu großen Sektionen/Platten, die schließlich in Blockbauweise zum kompletten Schiffskörper zusammengefügt werden.

Die seit Anfang 2005 geltende neue Ausbildung hat wesentliche inhaltliche Neuerungen: Prozessorientierung, verantwortliches Handeln im Rahmen des betrieblichen Qualitätsmanagements, mehr eigenverantwortliche Dispositions- und Terminverantwortung, Kundenorientierung sowie das Anwenden englischer Fachbegriffe werden zukünftig schon in der Ausbildung trainiert.

Kaufmann für Spedition und Logistikdienstleistung

Seit dem 1. August 2004 gibt es eine neue Ausbildung für Kaufleute für Spedition und Logistikdienstleistung (bisher Speditionskaufmann) in Kraft. Mit der modernisierten Ausbildungsregelung wurde auf die sich veränderten Anforderungen an die Qualifikationen der Mitarbeiter in der Speditions- und Logistik-

branche reagiert: Kaufleute für Spedition und Logistikdienstleistung sind Kaufleute des nationalen und internationalen Güterverkehrs. Sie sind in Unternehmen tätig, die den Transport von Gütern und sonstige logistische Dienstleistungen planen, organisieren, steuern, überwachen und abwickeln. Die Speditions- und Logistikbranche ist im Umbruch. Neue Aufgabenfelder entstehen, aus Spediteuren werden Logistikdienstleister, die den gesamten Warenfluss planen und organisieren – von der Beschaffung bis zum Verbraucher. Denn im Zeitalter der Globalisierung und der „just in time"-Produktion ist die Logistik zum Dreh- und Angelpunkt in der Wirtschaft geworden. Sie regelt als Querschnittsfunktion den Waren- und Informationsfluss. Die Kaufleute für Spedition und Logistikdienstleistung sind Logistikexperten. In der Ausbildung stehen beispielsweise folgende Themen auf der Tagesordnung:
• Güter und Transportmittel sowie rechtliche Bedingungen,
• Auswahl von Frachtführern und Verfrachtern,
• Lagerorganisation und Arbeitsabläufe im Lager,
• Aufzeichnen von Lagerdaten und Überwachung innerhalb der Transportkette,
• Marktforschung,
• Vorschriften im grenzüberschreitenden Verkehr, zoll- und außenwirtschaftliche Rechtsvorschriften, Akkreditivverfahren,
• Logistik und Kundenwünsche sowie ihre Realisierung,
• Abschluss von Speditions- und Frachtverträgen,
• Umgang mit Gefahrgut,
• Kosten und Erträge von Dienstleistungen.

Aufbauend auf diese Ausbildung sind zum Beispiel betriebswirtschaftliche Studiengänge mit Schwerpunkt Logistik möglich. Allerdings wird hierfür in der Regel eine Hochschulzulassung (Abitur, Fachabitur) vorausgesetzt.

Fischwirt

Die duale Ausbildung dauert drei Jahre. Unabhängig von der Spezialisierung in Fischhaltung und Fischzucht, Kleine Hochsee- und Küstenfischerei sowie Seen- und Flussfischerei stehen folgende Ausbildungsinhalte im Mittelpunkt:
• Eigenschaften des Wassers, die unterschiedlichen Gewässerformen und -typen, die Einflüsse des Klimas und der Bodenverhältnisse sowie die Pflanzen- und Tierwelt der Gewässer,
• Reinhaltung von Wasser,
• Aufbau und Lebensweise von Fischen, Fischarten,

- Schonzeiten, Schonbezirke und Fangbeschränkungen,
- Fangen, Weiterverarbeitung und Vermarktung von Fischen,
- Reparieren von Netzwerk,
- Maschinen und Geräte.

Darüber hinaus stehen spezifische Inhalte auf dem Lehrplan. Wer sich weiterbilden will, kann die Meisterprüfung zum Fischereiwirt absolvieren oder das Ziel, Kapitän der Kleinen oder Großen Hochseefischerei bzw. Steuermann für Küstenfischerei zu werden, in Angriff nehmen.

8.3 Einstieg über ein Studium

In jeder Branche der Maritimen Wirtschaft führen andere Studienwege zum Berufsziel. Daher stellen wir an dieser Stelle nur jeweils die wichtigsten mit Beispielen vor.

Schiffsoffizier

Die Schiffsoffiziersausbildung ist streng geregelt und ähnelt sich – zumindest was das Studium betrifft – an allen Hochschulen. Vor allem geben national die Schiffsoffiziersausbildungs-Verordnung und international der STCW-Code (Seafarers' Training, Certification and Watchkeeping Code) von 1995 vor, welche Kenntnisse vermittelt werden müssen, die für den Dienst als Schiffsoffizier erforderlich sind. Grundsätzlich gibt es folgende Möglichkeiten, nautischer oder technischer Schiffsoffizier zu werden:

1. Es wird eine dreijährige Ausbildung zum Schiffsmechaniker absolviert und ein dreijähriges Fachhochschul-Studium angeschlossen. Technische Schiffsoffiziere in spe müssen zwischen Ausbildung und Studium zusätzlich ein halbes Jahr Maschinendienst auf See absolvieren.
2. An einer Fachschule für Seefahrt wird die Ausbildung zum Schiffsbetriebstechnischen Assistenten und anschließend die zum Offizier absolviert.
3. Vor dem dreijährigen Studium an der Fachhochschule absolvieren Kandidaten mit Hochschulreife eine Ausbildung zum Offiziersassistenten. Diese dauert für angehende Nautiker ein Jahr, für technische Offiziere anderthalb Jahre.
4. In das vierjährige Fachhochschulstudium sind zwei (Nautik) bzw. drei (Technik) Praxissemester von jeweils sechs Mona-

ten integriert. Hier sind Abitur oder Fachhochschulreife ebenfalls Pflicht. Dies ist inzwischen der gängige Ausbildungsweg.

5. Wer statt Schiffsmechaniker einen artverwandten Beruf aus der Metall- oder Elektrotechnik erlernt hat, kann nach einer Seefahrtzeit von 12 bis 18 Monaten ebenfalls ein schiffsbetriebstechnisches Studium beginnen. Für Nautiker gibt es diese Möglichkeit nicht.

Allen Wegen gemeinsam ist, dass der Praxisanteil vor oder während des Studiums sehr hoch ist. Das verlangt unter anderem die Internationale Maritime Organisation (IMO) aus Qualitäts- und Sicherheitsgründen. Denn: Wer sein Studium mit Erfolg absolviert, erhält das Patent als Nautischer bzw. Technischer Wachoffizier und übernimmt sofort Verantwortung an Bord. Da die Wege 1 und 2 schon im vorigen Abschnitt besprochen wurden, soll es hier um die Studiengänge an Fachhochschulen gehen, die naturgemäß alle in Küstennähe angesiedelt sind.

Technischer Schiffsoffizier

In der Außenstelle Warnemünde der Fachhochschule Wismar kann der Abschluss Diplom-Ingenieur (FH) in der Studienrichtung Schiffsbetriebstechnik erworben werden. Gleichzeitig werden damit die Voraussetzungen für das Befähigungszeugnis zum Leiter der Maschinenanlage für unbegrenzte Leistung erfüllt. In der Studienrichtung Schiffsbetriebstechnik werden Diplom-Ingenieure ausgebildet, deren vorrangige Einsatzgebiete die Schiffsbetriebstechnik und die Maritimtechnik sind. Sie sind insbesondere als Schiffsingenieure für den Betrieb von Schiffsbetriebsanlagen mit unbegrenzter Leistung einsetzbar. Die praxisnahe Ausbildung, die auf ein breites Grundlagenwissen aufbaut, bietet auch Einsatzmöglichkeiten im Reedereibetrieb und in Schifffahrts-Aufsichtsbehörden. Außerdem sind Einsatzgebiete als Betriebs- und Instandhaltungsingenieure in der Energie- und Versorgungstechnik, in der Kraftwerkstechnik sowie in Unternehmen mit maschinenbaulichen, thermischen und energetischen Anlagen gegeben. Schwerpunktmäßig werden im Hauptstudium die für den Schiffsmaschinenbetrieb relevanten Fachgebiete

• Verbrennungskraftmaschinen/Turbinen,
• Arbeitsmaschinen und Schiffsanlagen,
• Dampfanlagen,
• Kälte- und Klimatechnik,
• Ver- und Entsorgungsanlagen,

- Betriebsstoff- und Umweltschutztechnik,
- Schiffsmaschinenbetrieb,
- Schiffsautomatisierung und Schiffselektrotechnik gelehrt.

Das dreijährige Studium besteht aus drei Semestern Grundstudium und drei Semestern Hauptstudium sowie der Diplomphase. Zusätzlich können die Vorraussetzungen für das Befähigungszeugnis zum Kapitän erlangt werden. Für dieses Studium werden folgende Voraussetzungen verlangt: Ausbildung zum Schiffsmechaniker und sechs Monate Seefahrtszeit im Maschinendienst bzw. alternativ in Form eines praktischen Studiensemesters oder Berufsabschlusses in Metall- oder Elektrotechnik und 12 bzw. 18 Monate Seefahrtszeit im Maschinendienst, von denen sechs Monate als praktisches Studiensemester absolviert werden können, oder 18 Monate Ausbildung und Seefahrtszeit als Technischer Offiziersassistent sowie in jedem Fall die allgemeine oder fachgebundene Hochschul- bzw. Fachhochschulreife.

Außerdem ist an der Fachhochschule Warnemünde eine Fachschulausbildung zum technischen und nautischen Offizier möglich, in denen alle Befähigungszeugnisse erworben werden können.

Am Standort Wismar der gleichen Fachhochschule kann der Studiengang Schiffsbetriebs-/Anlagen- und Versorgungstechnik gewählt werden. Absolventen kümmern sich um das Betreiben von Energieanlagen und versorgungstechnischen Einrichtungen an Bord von Seeschiffen genauso wie in verschiedenen Landbereichen. Der Studiengang mit seinen beiden Studienrichtungen Schiffsbetriebstechnik und Anlagenbetriebs- und Versorgungstechnik bildet solche Fachleute sowohl für die Schifffahrt als auch für Landbereiche aus. Es handelt sich dabei unter anderem um Antriebsanlagen, Energieversorgungssysteme, Klärtechnik, Klima- und Kältetechnik, Trinkwasseraufbereitungsanlagen sowie Entsorgungsanlagen.

Absolventen des achtsemestrigen Studiengangs Schiffsbetriebstechnik finden Einsatzgebiete in der Schiffsbetriebs- und der Maritimtechnik. Sie sind insbesondere als Schiffsingenieure für den Betrieb von Schiffsbetriebsanlagen mit unbegrenzter Leistung einsetzbar. Es sind aber auch gute Einsatzmöglichkeiten im Reedereibetrieb und in Schifffahrtsaufsichtsbehörden gegeben. Darüber hinaus sind Tätigkeiten als Betriebs- und Instandhaltungsingenieur in der Energie- und Versorgungstechnik, in der Kraftwerkstechnik sowie in Unternehmen mit maschinenbau-

lichen, thermischen und energetischen Anlagen möglich. Abschluss: Diplom-Ingenieur für Schiffsbetriebstechnik.
⊜ Info: www.hs-wismar.de

Ein weiteres technisches Schiffsoffiziers-Studium bietet die Hochschule Bremerhaven mit dem Studiengang „Schiffsbetriebstechnik". Neben dem Karriereziel technischer Offizier bzw. Leiter der Maschinenanlage können Absolventen in einer Reihe anderer Unternehmen und Branchen tätig werden, so etwa in Reedereien, Reedereiinspektionen, Kraftwerken, mittelständischen Betrieben, Behörden und Organisationen mit Überwachungsaufgaben und technischen Verwaltungen sowie kommunalen Betrieben. Das Studium dauert regelmäßig acht Semester, wobei das erste und siebte auf See stattfinden. Die nach STCW 95 obligatorische praktische Seefahrtausbildung von 18 Monaten Dauer kann auch alternativ durch den Nachweis der vor Studienbeginn abgeschlossenen Berufsausbildung als Schiffsmechaniker und anschließender Seefahrtzeit als Schiffsmechaniker im Maschinendienst oder in einem einschlägigen Metall- oder Elektroberuf und anschließender Seefahrtzeit als technischer Offiziersassistent im Maschinendienst erbracht werden. In diesen Fällen verkürzt sich die Studiendauer auf sechs Semester. Abschluss: Diplom-Ingenieur für Schiffsbetriebstechnik.
⊜ Info: www.hs-bremerhaven.de

Für alle technischen Studiengänge gilt: Nach Studienabschluss als Technischer Wachoffizier kann man frühestens nach 12 Monaten Seefahrtzeit das Patent des Zweiten Technischen Offiziers erhalten und wird damit zur rechten Hand des „Chiefs", weitere zwei Jahre Fahrzeit sind nötig, um das höchste Befähigungszeugnis – zum Leiter der Maschinenanlage – zu erhalten.

Nautischer Schiffsoffizier/Kapitän

In der Fachhochschule Warnemünde, Außenstelle Wismar kann der Abschluss als Diplom-Ingenieur (FH) in der Studienrichtung Nautik/Seeverkehr erworben werden. Gleichzeitig werden damit die Voraussetzungen für das Befähigungszeugnis zum Kapitän erfüllt. Vorrangiges Einsatzgebiet der Absolventen ist die Schiffsführung auf modernen Container- und anderen Frachtschiffen, Behördenfahrzeugen sowie Fähr- und Passagierschiffen. Allerdings bestehen darüber hinaus Einsatzmöglichkeiten im Hafen- und Umschlagbetrieb, in Schifffahrtsaufsichtsbehörden, in maritimen Verkehrsleitzentralen sowie im Bereich Logistik. Schwerpunktmäßig wird im Hauptstudium das für die Schiffsführung und den Transport von Gütern über See sowie das für die Sicherheit des Schiffes notwendige Fachwissen vermittelt. Dazu gehören die Lehrgebiete

- Navigation,
- Schiffsführung,
- Maritime Kommunikation,
- Schifffahrtsrecht,
- Ladungstechnologie,
- Maritime Verkehrssicherheit und Umweltschutz,
- Grundlagen der Schiffsbetriebstechnik,
- Logistik und Reedereimanagement.

Das dreijährige Studium besteht aus dem dreisemestrigen Grundstudium und dem dreisemestrigen Hauptstudium sowie der Diplomphase. Zusätzlich können die Vorraussetzungen für das Befähigungszeugnis Leiter Maschinenanlage unbegrenzte Leistung erlangt werden. Wer keine Berufsausbildung und Seefahrtszeit hat, der kann das achtsemestrige Studium mit zwei integrierten Praxissemestern auf See wählen.

Vorausgesetzt werden für das sechssemestrige Studium entweder eine Schiffsmechaniker-Ausbildung oder Ausbildung und Seefahrtszeit als Nautischer Offiziersassistent sowie die allgemeine oder fachgebundene Hochschul- bzw. Fachhochschulreife. Für das Studium mit integriertem Seepraktikum genügen im Allgemeinen die Hochschulreife und ein seefahrtsspezifisches Vorpraktikum von 12 Wochen.
⋑ Info: www.sf.hs-wismar.de

Am Institut für Seefahrt Leer, das zur Fachhochschule Oldenburg/Ostfriesland/Wilhelmshaven gehört, kann der Studiengang Seeverkehr/Nautik mit Abschluss Diplom-Ingenieur für Seeverkehr belegt werden. Absolventen können als nautische Offiziere und Kapitäne eingesetzt werden. Dieses achtsemestrige Studium beginnt mit einem Praxissemester auf See, an das sich vier Semester an der Seefahrtsschule anschließen. Das sechste Semester ist wiederum der Seefahrt vorbehalten. Im siebten und achten Semester folgt wiederum Theorie mit Diplom-Abschluss zum Ingenieur für Seeverkehr und Erwerb des Befähigungszeugnisses als Wachoffizier.

Wie auch bei anderen seefahrerischen Studiengängen sind allgemeine Voraussetzungen für eine Erwerbstätigkeit in der deutschen Seeschifffahrt zu erfüllen. Dazu gehören:

- der Nachweis der Seediensttauglichkeit,
- der Besitz eines Seefahrtbuches und
- der Besuch eines anerkannten Sicherheitslehrganges.

Andere Seefahrtzeiten (z. B. bei der Bundesmarine) können eventuell auf das 1. Praxissemester angerechnet werden. Anträge werden dem Praxissemesterbeauftragten des Fachbereichs Seefahrt vorgelegt.

Am Standort Elsfleth bietet die Fachhochschule Oldenburg/Ostfriesland/Wilhelmshaven einen ähnlich gelagerten Studiengang Nautik an.
Info: www.fh-oow.de

An der Seefahrtschule Leer besteht außerdem die Möglichkeit, einen Fachschulabschluss nautischer Wachoffizier/Kapitän, Offizier in der Nationalen Fahrt und nautischer Dienst auf Fischereifahrzeugen abzulegen.
Info: www.seefahrtschule-leer.de

Eine weitere Nautik-Ausbildung besteht an der Hochschule Bremen. In erster Linie bereitet es auf die Tätigkeit als nautischer Offizier und Kapitän vor, enthält aber auch Anteile in maritimem Management, mit dem man später auch an Land tätig werden kann, etwa in Reedereien, Stauereien, in der Unternehmensberatung oder der Schifffahrtsverwaltung. Acht Semester sind für das Studium eingeplant. Es beginnt mit einem Praxissemester auf See und anschließend zwei Semestern Grundstudium, in dem die natur- und wirtschaftswissenschaftlichen Grundlagen gelegt werden. Nach einer Diplomvorprüfung geht es vom vierten bis achten Semester ins Hauptstudium, wobei das sechste wieder auf See stattfindet. Der Abschluss lautet Diplom-Wirtschaftsingenieur für Seeverkehr. Als Voraussetzung für das Studium genügt die Hochschulreife, eine Ausbildung zum Schiffsmechaniker ist nicht zwingend vorgesehen.
Info: www.hs-bremen.de

Für alle Absolventen der Nautik gilt: Nach einer Fahrtzeit von einem Jahr als Wachoffizier wird dann von der Behörde automatisch das Befähigungszeugnis für die Tätigkeit als 1. Offizier und nach einer weiteren Fahrtzeit von zwei Jahren das Kapitänspatent erstellt.

Schiffsbetrieb

Mit einem solchen Studium schlagen Interessenten zwei Fliegen mit einer Klappe, denn es enthält sowohl einen nautischen als auch einen technischen Anteil und berechtigt sowohl zum Führen von Schiffen (Kapitän) als auch zur Leitung von Maschinenanlagen auf Schiffen (technischer Offizier). Geboten wird dieses Studium an der FH Flensburg. Absolventen können als Schiffsbetriebsoffizier und somit als Kapitän und Leiter von Maschinenanlagen tätig werden. Das Studium der „Schiffsbetriebstechnik", das in Flensburg ebenso geboten wird, und des „Schiffsbetriebes" teilt sich auf in zwei Hauptabschnitte: das gemeinsame Grundstudium mit typischen natur- und ingenieurwissenschaftlichen Grundlagenfächern und das jeweilige Fachstudium. Die Regelstudienzeiten betragen sieben bzw. acht Semester einschließlich der Anfertigung einer Diplomarbeit. Nach dem Grundstudium studieren beide Richtungen gemeinsam zwei Semester Schiffsbetriebstechnik. Mit Beginn des sechsten Semesters teilt sich das Fachstudium auf in die Richtungen Schiffsbetriebstechnik und Schiffsbetrieb. Wer vor Studienbeginn bereits die obligatorische Praxis in Form einer Ausbildung zum Schiffsmechaniker oder in einem Metall- bzw. Elektroberuf plus anschließender Seefahrtzeit absolviert hat, kann das Studium nach sechs Semestern beenden – die beiden obligatorischen Praxissemester entfallen. Absolventen tragen den Titel Diplom-Ingenieur für Schiffsbetrieb bzw. für Schiffsbetriebstechnik.
Info: www.fh-flensburg.de

Verkehrsbetrieb/Logistik

Die Absolventen des achtsemestrigen Diplom-Studiengangs Verkehrsbetrieb/Logistik an der Hochschule Wismar finden ihr berufliches Betätigungsfeld vorwiegend im technischen Management sowie in den technologischen Bereichen von Verkehrs-, Umschlag-, Lager- und Logistikunternehmen. Sie können dabei sowohl in den besonders innovationsorientierten Bereichen der Prozessgestaltung und -planung als auch in der operativen Prozess-Steuerung und -überwachung tätig werden. Der Einsatz in Bereichen der Forschung und Entwicklung ist ebenfalls möglich. Wenn sie die erforderlichen berufspraktischen Zulassungsbedingungen erfüllen, können die Absolventen in einem zweisemestrigen Zusatzstudium die Voraussetzungen für das höchste nautische Befähigungszeugnis zum Kapitän erwerben.
Info: www.fh-wismar.de

Seeverkehrs- und Hafenwirtschaft

Die Fachhochschule Oldenburg/Ostfriesland/Wilhelmshaven bietet an ihrem Standort Elsfleth dieses interessante Wirtschaftsingenieur-Studium an. Absolventen finden Fach- und Führungsaufgaben zum Beispiel in Landorganisationen von Seeverkehrsbetrieben, See- und anderen Speditionen, Hafen- und Lagerhausgesellschaften, hafenwirtschaftlichen Beratungsgesellschaften, Hafenbehörden und anderen logistikorientierten Betrieben. Mit ihrem Fachwissen an der Schnittstelle von moderner Technologie und Management haben sie sehr gute Berufschancen in diesen Arbeitsfeldern, vor allem weil die Seeverkehrs- und Hafenwirtschaft für Deutschland als Außenhandels-Land von großer Bedeutung ist. Starten kann, wer über die Hochschulreife verfügt oder eine Meister- bzw. Technikerausbildung in einem passenden Beruf (z. B. mit logistischem oder hafenwirtschaftlichem Hintergrund) absolviert hat. Nach drei Semestern Grundstudium schließen sich fünf Semester Hauptstudium an. Im sechsten und achten finden Praxissemester statt, im achten wird zudem die Diplomarbeit geschrieben.
Info: www.fh-oow.de

Schiffbau

Diplom-Ingenieur für Schiffbau kann an der TU Hamburg-Harburg studiert werden. Die Regelstudienzeit beträgt zehn Semester. Das Studium des Schiffbaus gliedert sich in das viersemestrige Grundstudium und das sechssemestrige Hauptstudium einschließlich der Diplomprüfung und der Diplomarbeit. Das neunte und zehnte Semester sind für das Fachpraktikum, studienbegleitende Leistungen und die Diplomarbeit vorgesehen.
Info: www.tu-harburg.de

Ein Bachelor-Studium „Schiffbau und maritime Technik" hat die Fachhochschule Kiel eingerichtet. Schiffbauingenieure sind in allen Zweigen der Schiffbauindustrie tätig, die Fluss- und Seeschiffe der verschiedensten Arten und Größen herstellen. Sie entwickeln neue Schiffstypen, konstruieren Schiffsteile, testen Schiffsmodelle und überwachen Fertigung und Montage sowie Reparatur- und Umbauarbeiten an Schiffen. Auch Kostenkalkulation und Vertrieb gehören zu ihren Aufgaben. Das Studium befasst sich vier Semester mit ingenieurwissenschaftlichen Grundlagen. Im dritten Studienjahr werden Studienschwerpunkte in den Fächern Schiffsentwurf, Hydrodynamik und Yachtdesign, Konstruktion, Schiffsfestigkeit und Schiffsausrüstung geboten. Aufbauend darauf kann ab Wintersemester 2007 ein Masterstudium im Schiffbau absolviert werden, das wichtige Fächer vertieft und entscheidende Fähigkeiten zur wissenschaftlichen Arbeit als Ingenieur entwickelt.

⮕ Info: www.maschinenwesen.fh-kiel.de

Schiffs- und Meerestechnik

Einen Studiengang im Praxisverbund zum Bachelor of Engineering in Schiffs- und Meerestechnik bietet die Hochschule Bremen an. Das Besondere: Hier winken zwei Abschlüsse. Das zehnsemestrige Studium beginnt im ersten und zweiten Semester sowie in der vorlesungsfreien Zeit des Grundstudiums mit einer Berufsaubildung zum Konstruktionsmechaniker in einer Partnerwerft der Hochschule. Dort muss der Bewerber einen Ausbildungsvertrag schließen und bekommt eine Ausbildungsvergütung. Ab dem dritten Semester beginnt dann das eigentliche Studium an der FH Bremen. Das dritte bis fünfte Semester ist dem Grundstudium vorbehalten. Nach einer Zwischenprüfung beginnt im sechsten Semester das Hauptstudium, das achte ist wiederum ein Praxissemester. Die Absolventen übernehmen Ingenieurstätigkeiten zum Beispiel in der Werft- und Schiffszulieferindustrie, im Yachtbau, in Ingenieurbüros, Versuchsanstalten des Schiffbaus, Reedereien, Aufsichtsbehörden, im Marineschiffbau und anderen maritimen Institutionen. Daneben eignet sich die Ausbildung beispielsweise auch für Jobs im Stahl-, Anlagen- und Flugzeugbau.

Daneben können in Bremen auch ein normaler Bachelor-Studiengang sowie ein internationaler Diplom-Studiengang ähnlichen Inhalts absolviert werden.

⮕ Info: www.hs-bremen.de

Innerhalb ihres Studiengangs Verkehrswesen bietet die TU Berlin die Studienrichtung Schiffs- und Meerestechnik. Inhalt des Studiums sind Entwicklung und Betrieb von Schiffen, der Betrieb von Verkehrswegen und das komplexe Zusammenwirken der verschiedenen Verkehrssysteme. Als mögliche Arbeitsfelder nennt die Uni

• Planung, Entwurf, Konstruktion, Bau und Inbetriebnahme von Schiffen und von schwimmenden oder tauchenden Systemen im Meer,

- Einkauf, Verkauf und Marketing auf Werften oder bei Reedereien,
- Planung, Vorbereitung und Durchführung von experimentell orientierten Tätigkeiten bei Modell- und Großversuchen in Schiffbau- und Wasserbau-Versuchsanstalten,
- Planung und Überwachung kombinierter Verkehrsvorgänge.

Nach der Diplom-Vorprüfung geht es im Hauptstudium vorrangig um die Themenfelder Entwurf maritimer Systeme, Dynamik maritimer Systeme, Seeverkehr, Meerestechnik und Yachtdesign.
⮑ Info: www.tu-berlin.de

Auch die Uni Duisburg-Essen hat eine Studienrichtung Schiffstechnik, die in diesem Fall in das Maschinenbaustudium integriert ist. Das Studium dauert regelmäßig neun Semester und beinhaltet 26 Wochen Praktikum, die nicht zur Regelstudienzeit gehören.
⮑ Info: www.uni-duisburg-essen.de

Maritime Technologien

In Kooperation mit dem Alfred-Wegener-Institut (AWI) hat die Hochschule Bremerhaven diesen neuen Bachelor-Studiengang erarbeitet, der Ingenieure für maritime Technologie ausbildet. Durch die Mitarbeit des AWI fließt das Know-how der Großforschungseinrichtung in der Polar- und Meeresforschung mit ein. Der Bachelor-Studiengang Maritime Technologien startete erstmals zum Wintersemester 2003/04. Die Einsatzfelder der Absolventen liegen in allen Bereichen, in denen es um die technologische Nutzung des Meeres geht. Der Studiengang ist im technischen Bereich mit einer praktischen Ausrichtung angesiedelt. Die Absolventen sollen national wie international einsetzbar sein und können sich u. a. für folgende Arbeitsfelder qualifizieren:
- Schiffbau und Offshore- Zulieferindustrie (Öl- und Gasindustrie),
- Offshore-Energienutzung (Wind, Wellen, Strömungen),
- Seeschifffahrt, Binnenschifffahrt, Hafenwirtschaft,
- Gewinnung und Produktion von maritimen Naturstoffen für Medizin, Pharmaindustrie,
- Nährstoff- und Lebensmittelindustrie,
- Aquakultur, Fischfang und Fischwirtschaft,
- Zier- und Nutzfischproduktion, Kreislaufanlagen.

Bundesweit gibt es im Bereich der Schiffbau- und Offshore-Zulieferindustrie etwa 1.300 Unternehmen, die in enger Verbindung mit anderen maritimen Bereichen wie Seeschifffahrt, Hafenwirtschaft, Binnenschifffahrt und Fischfang stehen.

⊛ Info: www.hs-bremerhaven.de

Cruise Industry Management

Ebenfalls in der Hochschule Bremerhaven wird dieser neuartige und innovative internationale Studiengang angeboten, der akademisch ausgebildete Fachleute im Arbeitsfeld der Seetouristik ausbildet, speziell für das gehobene und höhere Management der Kreuzfahrtbranche. Das Management im Seetouristikbereich erfordert ein vielfältiges Wissen über Hoteltechnik, Destinationen, logistische Prozesse, Anreise-, Reisefortführungskonzepte, Nautik, Schiffsbetriebstechnik usw. Daneben müssen Mitarbeiter über umfassende Sprachkenntnisse und über Erfahrung einer zumeist interkulturell und international bestimmten Mitarbeiterführung verfügen. Grundsätzlich werden hohe betriebswirtschaftliche und Management-Kenntnisse von den zukünftigen Mitarbeitern gefordert.

⊛ Info: www.hs-bremerhaven.de

Meeresbiologie

Meeresbiologie als selbstständigen Studiengang gibt es nicht. Um Meeresbiologe werden, muss man zunächst an einer Universität Biologie studieren. Es ist sinnvoll, eine Universität zu wählen, an der man sich auf den Bereich Meeresbiologie spezialisieren kann, wie etwa an den Universitäten Bremen, Hamburg, Kiel, Oldenburg und Rostock, aber auch ein späterer Wechsel dorthin ist möglich. Im Grundstudium lernt man die Grundlagen der Biologie, aber auch der Chemie, Physik und Mathematik. Nach den Zwischenprüfungen (Vordiplom) erreicht man das Hauptstudium. Hier kann man sich auf Gebiete beschränken, die den Interessen und den zukünftigen Plänen entsprechen. Um das Studium abzuschließen, sind weitere Prüfungen und eine Diplomarbeit nötig. Weiterhin ist für eine Laufbahn als Meeresbiologe in der Regel eine Promotion in einer meeresbiologisch arbeitenden Arbeitsgruppe (Universität oder Forschungsinstitut) notwendig. Das Spektrum der Fachrichtungen ist dabei weit gestreut: Meereszoologie, Meeresbotanik, Fischereibiologie, Meeresmikrobiologie, Biochemie sind nur einige Forschungsgebiete. Die Promotion wird in Deutschland mit einem halben Wissenschaftlergehalt (BAT II/2) bezahlt und ist nach durchschnittlich 3 Jahren mit der Abgabe der Dissertation (Doktorarbeit) abgeschlossen.

Beispiel Uni Bremen: In den ersten vier Semestern (Grundstudium) wird für alle Studierenden der Biologie eine Einführung in die wichtigsten heutigen Biowissenschaften gegeben:
• Molekular- und Zellbiologie, Genetik, Mikrobiologie, Stoffwechselbiologie,
• Botanik,
• Zoologie und
• Ökologie.

Im Hauptstudium (5. – 9. Semester) ist eine Spezialisierung unter anderem in Meeresbiologie möglich. Daneben werden als Nebenfach interessante nichtbiologische Fächer wie Chemie oder Meereschemie, Physik oder Meeresphysik sowie Geologie angeboten.
Info: www.uni-bremen.de

Auch die Uni Rostock und die Uni Kiel bieten innerhalb ihrer Biologie-Studiengänge im Hauptstudium den Schwerpunk bzw. das Hauptfach Meeresbiologie/Biologische Meereskunde bzw. Fischereibiologie und Meereskunde.
Info: www.uni-rostock.de, www.zsb.uni-kiel.de

Meeresgeologie

Meeresgeologie ist eine Studienrichtung oder Schwerpunktsetzung innerhalb des Studiengangs Geologie. Beispiel Uni Bremen: Hier können im Rahmen des Bachelor-Studiums Geowissenschaften im zweiten Jahr unter anderem die Wahlmodule Sedimentologie, Meeresgeologie und Petrologie gewählt werden. Im dritten Jahr können diese Fächer weiter vertieft werden. Dazu kommen im dritten Jahr z. B. die Wahlmodule Ozeanographie und Meeresbiologie. Wesentlicher Bestandteil eines geowissenschaftlichen Studiums sind Geländeübungen. In ein- oder mehrtägigen Veranstaltungen wird der Bezug zwischen den in Vorlesungen, Übungen und Praktika erlernten Sachverhalten zu den natürlichen Gegebenheiten hergestellt. Durch Anschauung lernen die Studierenden die in der Natur vorkommenden Gesteine, Gesteinsverbände, Lagerstätten sowie geologische und morphologische Strukturen kennen. Dabei werden alle Bereiche der Geologie, Geophysik, Mineralogie und Paläontologie abgedeckt. Das Studium dauert drei Jahre und endet mit dem Bachelor of Science. Es kann durch ein Masterstudium ergänzt werden.

⊕ Info: www.geo.uni-bremen.de

Meteorologie

Meteorologie kann laut Hochschulkompass an 12 deutschen Universitäten studiert werden, und zwar an der
• FU Berlin FU (Diplom),
• Uni Bonn (Diplom),
• Uni Frankfurt am Main (Diplom),
• Uni Hamburg (Diplom),
• Uni Hannover (Diplom),
• Uni Karlsruhe (Diplom),
• Uni Kiel (Diplom),
• Uni Köln (Diplom),
• Uni Leipzig (Diplom),
• Uni Mainz (Diplom),
• Uni München (Diplom) und
• Uni Freiburg (Magister).

Beispiel Uni Leipzig: Die Regelstudienzeit des Diplomstudiengangs beträgt 10 Semester. Im viersemestrigen Grundstudium werden Kenntnisse und Fähigkeiten in Experimentalphysik einschließlich Physikalischem Praktikum, Theoretischer Physik und Mathematik vermittelt; dazu wird ein Überblick über das Fach Meteorologie gegeben. Das Hauptstudium (6 Semester) dient der Ausbildung in den verschiedenen Teilgebieten der Meteorologie:
• Theoretische Meteorologie mit Kinematik, Dynamik und Thermodynamik der Atmosphäre, Meteorologische Statistik, Ozeandynamik, Spurenstofftransportmodelle,
• Meteorologie mit atmosphärischer Grenzschicht, regenerative Energien, Physik der Hochatmosphäre, Strahlung und Wolken, Messmethoden, Klimatologische Prozesse, Synoptik, Tropenmeteorologie.

Dazu kommen meteorologische (Feld-)Praktika und Exkursionen sowie ergänzende Lehrveranstaltungen zur Experimentalphysik bzw. Theoretischen Physik. Im fachübergreifenden Wahlpflichtfach werden Teilbereiche aus den Fachgebieten Physik, Geophysik, Mathematik, Informatik, Luftchemie, Geographie oder Atmosphärische Aerosole studiert. Das Studium schließt mit der

Diplomprüfung ab. Sie besteht aus 4 Fachprüfungen und der Diplomarbeit (9. und 10. Semester).
🔊 Info: www.uni-leipzig.de

Beispiel Uni Köln: Gute Physik- und Mathematikkenntnisse und unbedingt die Teilnahme an den Vorkursen in Physik und Mathematik für Studienanfänger (jeweils ab Anfang September) empfiehlt die Uni für dieses Studium. Es dauert zehn Semester und schließt mit dem Diplom-Meteorologen ab. Es bereitet bestens auf den Einstieg in folgende Bereiche vor:
• Deutscher Wetterdienst (z. B. Forschungs- und Beratungsdienst),
• Geophysikalischer Beratungsdienst der Bundeswehr (z. B. Beratungsdienst, Methodenentwicklung, Gutachten, Planung,
• private Anbieter von Wetterberatung und Wettervorhersage,
• Medien,
• öffentliche Forschungsinstitute / Großforschungseinrichtungen (z. B. Max-Planck-Gesellschaft, Fraunhofer Gesellschaft),
• Industrie (z. B. Forschung, Planung, EDV-Servicefunktion),
• Hochschulen (Forschung und Lehre).
🔊 Info: www.uni-koeln.de

Ozeanographie

Ozeanographie als Vollstudium wird an den Universitäten Kiel und Hamburg geboten. In Hamburg dauert das Studium regelmäßig zehn Semester. Im Grundstudium werden die Fächer Physik, Mathematik, Ozeanographie, Meteorologie und/oder Geophysik behandelt. Es dauert vier Semester. Das eigentliche Fachstudium der Ozeanographie findet im sechssemestrigen Hauptstudium statt. Zur Ausbildung in Ozeanographie gehört auch der Nachweis über sechs Wochen Praktikum auf See. In der Regel nimmt der Student im Rahmen einer Forschungsfahrt auf einem deutschen Forschungsschiff an einer Expedition teil. Dies beginnt mit einem semesterbegleitenden Seminar und eventuell einem Praktikum, um die Arbeiten auf See zu üben.
🔊 Info: www.ifm.uni-hamburg.de

Ebenfalls zehn Semester Regelstudienzeit umfasst das Studium in Kiel. Im Grundstudium sollen die Studierenden Grundwissen und methodische Grundkenntnisse in den Wissenschaftsgebieten Mathematik und Physik sowie Grundkenntnisse des Faches Ozeanographie erlangen. Das Studium stimmt in diesem Abschnitt (mit Ausnahme des Faches Ozeanographie) weitgehend mit dem Studiengang Physik überein. Es wird mit der Diplom-Vorprüfung abgeschlossen, die in der Regel mündlich stattfindet. Durch das Hauptstudium sollen die Studierenden die Voraussetzungen für eine berufliche Tätigkeit erlangen. Das Hauptstudium besteht aus den Fächern Physikalische Ozeanographie, Theoretische Ozeanographie, dem 1. Wahlpflichtfach (Experimentalphysik, Theoretische Physik oder Meteorologie) und dem 2. Wahlpflichtfach mathematischer, naturwissenschaftlicher oder ingenieurwissenschaftlicher Richtung. Als Wahlpflichtfach kommen beispielsweise Informatik, Mathematik, Geologie, Geophysik, Mineralogie/Petrographie oder Chemie in Frage. Im Rahmen von Forschungsprojekten und -fahrten sollen die Studierenden während des Hauptstudiums an die Forschung herangeführt werden.

Da die Ozeanographie die Vorgänge im Meer mit den Methoden der Physik untersucht, beinhaltet der Studiengang Ozeanographie weitgehend Teile des Physikstudiums. Bei der Planung und Durchführung theoretischer Modellstudien als auch bei der Analyse und Interpretation gewonnener Beobachtungsdaten sind zudem mathematische Methoden unerlässliche Hilfsmittel. Deshalb nimmt die Mathematikausbildung im Ozeanographiestudium einen breiten Raum ein. Die Tätigkeit der Ozeanographen umfasst unter anderem die Durchführung von Messprogrammen an Bord von Forschungsschiffen (einschließlich der Entwicklung neuer Messmethoden) und die Analyse der gewonnenen Daten sowie die Entwicklung von Computermodellen und deren Anwendung zur Simulation verschiedener ozeanischer Prozesse.
⮎ Info: zsb.uni-kiel.de

Marineoffizier

Marine-Offiziere sind an Bord von Schiffen oder Booten und an Land in den Bereichen Marineoperationsdienst, Schiffstechnik, Marinesicherungsdienst, Marinefliegerdienst sowie Logistik, Planung und Organisation tätig. Im so genannten Allgemeinen Dienst sind sie zum Beispiel Kommandant auf Booten und Schiffen, als Offizier im Operationsdienst und in der Logistik, als Offizier im Schiffstechnischen Dienst sowie als Zugführer oder Kompaniechef in Landeinheiten tätig. Im so genannten Fliegerischen Dienst besteht die Möglichkeit, als Luftfahrzeug-Operationsoffizier, als Hubschrauberführer, als Propeller- und Kampfflugzeugführer sowie als Waffensystemoffizier zu arbeiten. Als militärische Vorgesetzte sind Offiziere immer zugleich Führungskräfte und müssen unter außergewöhnlichen Belastungen verantwortungsvoll handeln und Entscheidungen treffen. Folgende Bereiche bieten sich an:

- Zerstörerflottille,
- Schnellbootflottille,
- U-Boot-Flottille,
- Flottille der Minenstreitkräfte,
- Flottille der Marineflieger und
- Marinesicherung.

Die Einstellung bei der Marine erfolgt mit einem bestimmten Dienstgrad, in der Regal als Matrose OA (Offiziersanwärter). Wer als Kapitän oder Leiter der Maschinenanlage zur Marine wechselt, wird entsprechend höher als Leutnant oder Oberleutnant zur See bzw. als Kapitänleutnant eingestuft.

Die Ausbildung der Offiziersanwärter gliedert sich in drei Hauptabschnitte: Sie beginnt mit einer 15-monatigen militärischen und seemännischen Grundlagenausbildung. Ein Studium mit 39 Monaten Regelstudienzeit schließt sich in den allermeisten Fällen an, bevor eine maximal einjährige Fachausbildung zu absolvieren ist. Alle Offiziersanwärter – meist besteht ein Jahrgang bzw. eine „Crew" aus bis zu 220 Teilnehmern – starten mit der halbjährigen Offiziers-Basisausbildung. Neben Theorie und Praxis kommen sie erstmals mit der Seefahrt in Berührung: Sie fahren rund sechs Wochen auf dem Segelschulschiff „Gorch Fock" zur See. Erste Eindrücke sowie seemännische und meteorologische Kenntnisse können hier gewonnen werden. Danach folgen Lehrgänge in Navigation, Nautischer Gesetzeskunde, Schiffslehre und seemännischer Handhabung von Kraft- und Segelbooten. Im Rahmen der Schiffssicherungsausbildung steht Schadenabwehr an Bord auf dem Stundenplan. Im Offizierslehrgang schließlich liegt der Schwerpunkt in der Ausbildung zum militärischen Vorgesetzten. Unmittelbar nach der Grundausbildung beginnt das Studium bzw. die fliegerische Ausbildung. Abschließender Ausbildungsabschnitt ist die Fachausbildung, die sich unmittelbar an das Studium anschließt; für Offiziersanwärter, die nicht studieren (ist die Ausnahme), schließt sich die Fachausbildung unmittelbar an die Grundlagenausbildung an. Bei mindestens 12 Jahren Verpflichtungszeit ist das Studium in aller Regel Bestandteil der Ausbildung.

Voraussetzung für ein Studium ist ein Schulabschluss, der in Hamburg und Bayern zum Universitätsbesuch oder in Bayern zu einem Fachhochschulbesuch berechtigt. Das Studium an den

Bundeswehr-Universitäten in Hamburg und München entspricht einschließlich der Abschlüsse den jeweiligen Studiengängen an zivilen Hochschulen. Auch das Promotions- und Habilitationsrecht haben beide. Ein Studium ist in technischen, geistes- und wirtschaftswissenschaftlichen Richtungen möglich, je nachdem, wo der spätere Einstieg als Offizier geplant ist.

Technische Studiengänge sind möglich in Elektrotechnik und Informationstechnik, Geodäsie und Geoinformation, Informatik, Luft- und Raumfahrttechnik, Maschinenbau, Rechnergestützte Ingenieurwissenschaften, Elektrotechnik (FH) und Maschinenbau (FH). Geisteswissenschaftliche Studiengänge sind Geschichtswissenschaft, Pädagogik, Politikwissenschaft, Sportwissenschaft sowie Staats- und Sozialwissenschaften. Als wirtschaftswissenschftliche Studiengänge werden schließlich Wirtschaftsinformatik, Wirtschaftsingenieurwesen, Wirtschaftswissenschaften und Betriebswirtschaft (FH) angeboten. Vorteil: Studierende erhalten während des Studiums volle Gehaltszahlungen, die ihnen als Offiziersanwärter zustehen.

Nach erfolgreichem Studium geht die Ausbildung mit einer praxisbezogenen Einweisung auf Booten und Schiffen der Marine, mit dem Führungslehrgang und dem Lehrgang „Grundlagen Einsatz" weiter. Entsprechend dem geplanten Einsatz findet danach eine systemspezifische Fachausbildung statt. Danach – nach etwa sechs Jahren Ausbildung – erfolgt der Einsatz auf Schiffen oder im Marinesicherungsdienst in den Dienstgraden Leutnant zur See, Oberleutnant zur See und Kapitänleutnant.

Für Soldaten auf Zeit endet nach in der Regel 12 Dienstjahren die Dienstzeit bei der Bundeswehr. Wer will, kann danach ins zivile Berufsleben einsteigen, wofür er durch die umfassende Ausbildung bestens vorbereitet und durch versorgungsrechtliche Ansprüche abgesichert ist. Wer höhere Dienstgrade wie Korvetten- oder Fregattenkapitän erreichen will, muss als Berufssoldat übernommen werden.
Info: www.bundeswehr-karriere.de

8.4 Fortbildungen und Aufbaustudiengänge

Auf Fortbildungen und mögliche Meisterlehrgänge in den verschiedenen Berufen sind wir in Kapitel 5 schon eingegangen. Die Datenbank KURS der Bundesagentur für Arbeit (⊜ www. arbeitsagentur.de) gibt einen ausführlichen Überblick über aktuelle Weiterbildungsangebote für jeden nur erdenklichen Beruf. Auf einzelne Angebote hier einzugehen, würde den vorhandenen Platz deutlich überschreiten. Daher sei hier neben einigen ausgewählten Aufbaustudiengängen in typischen Seeberufen auf die Möglichkeit hingewiesen, von der Handelsschifffahrt in die Marine und umgekehrt zu wechseln.

Ausbildung von Schiffsoffizieren zum Reserveoffizier der Marine

Die Reserveoffizierslaufbahn im Truppendienst der Marine eignet sich für erfahrene nautische und technische Offiziere der Handelsschifffahrt mit einem Fachhochschulstudium der Nautik oder Schiffstechnik. Sie müssen mindestens 25 und höchstens 45 Jahre alt sein und dürfen nicht mehr zum Grundwehrdienst herangezogen werden können (Frauen mindestens 23 Jahre). Bewerbungsunterlagen werden beim zuständigen Kreiswehrersatzamt angefordert und dort drei Monate vor dem ersten Reserveoffizierslehrgang an der Marineschule Mürwick zusammen mit weiteren Bewerbungsunterlagen abgegeben. Nächster Termin: 17. 10. bis 25. 11. 2005. Wer diesen Schritt tut, erklärt sich zugleich bereit, an Wehrübungen als Soldat bis zum 60. Lebensjahr teilzunehmen. Danach folgt ein Auswahlverfahren, wer es besteht, wird als Reserveoffizier eingestellt. Zur ersten Wehrübung werden die Offiziere dann als „Leutnant zur See der Reserve", ab 26 Jahre als Oberleutnant eingezogen. Dieser Reserveoffizierslehrgang für nautische und technische Schiffsoffiziere (die so genannte HSO-Grundwehrübung) dauert sechs Wochen und befasst sich mit Führungswissen als militärische Vorgesetzte sowie mit dem Wissen, das einen Einsatz in der Marineschifffahrtsleitorganisation nötig ist. Danach muss noch ein Lehrgang zum „Ship Security Officer" absolviert werden.

Mit dieser Ausbildung und ihren Erfahrungen aus der Handelsschifffahrt unterstützen Reserveoffiziere die Einsatzführung der Flotte in Bündnisfragen (Marineschifffahrtsleitung). Bei Bedarf stehen sie für Einsätze zur Krisen- und Konfliktbewältigung zur

Verfügung wie gegenwärtig bei den Operationen Active Endeavour im Mittelmeer und Enduring Freedom am Horn von Afrika und arbeiten hier mit der Handelsschifffahrt zusammen.
⊜ Info: Personalamt der Bundeswehr (Tel. 0 22 03 / 105-15 50, E-Mail persabwreoffz@bundeswehr.org)

Ausbildung von ehemaligen Marinesoldaten für den Dienst auf Kauffahrteischiffen

Für ehemalige Soldaten und Offiziere der Marine bieten sich ebenfalls Chancen auf einen Einstieg in die zivile Handelsschifffahrt. Wer sich ausführlich darüber informieren will, sollte das Bundesamt für Seeschifffahrt und Hydrographie kontaktieren (⊜ www.bsh.de). In einer Durchführungsbestimmung vom März 2003 ist ausführlich festgelegt, welche Befähigungszeugnisse, die bei der Deutschen Marine erworben werden, unter welchen Bedingungen dazu berechtigen, auf einem Handelsschiff zu fahren. In vielen Fällen führen verkürzte Aus- und Fortbildungen dazu. Voraussetzung ist auch für ehemalige Soldaten, dass sie die Seediensttauglichkeit nachgewiesen haben. Diese Untersuchung ist nicht gleichzusetzen mit der so genannten Borddienstverwendungsfähigkeit bei der Marine und muss dementsprechend extra absolviert werden. Außerdem muss die Sicherheitsgrundausbildung für alle Seeleute nachgewiesen werden. Soldaten und Offiziere, die mindestens sechs Monate an Bord von Booten und Schiffen der Marine verbracht haben, den Nachweis über eine Erste-Hilfe-Ausbildung sowie über einen Sicherheits-Lehrgang der Marine (zum Beispiel zum Schiffssicherungs-Truppführer oder Schadensabwehr für Offiziere) haben, brauchen diese Ausbildung nicht extra zu durchlaufen.

Was die rein fachlichen Voraussetzungen für einen Dienst auf einem Handelsschiff betrifft, dürfen die Befähigungen, die auf bei der Marine erworben wurden, nicht älter als fünf Jahre sein. Ein Dienstzeugnis darüber reicht als Nachweis. Außerdem müssen zumeist in verkürzter Form die theoretischen und praktischen Ausbildungen, wie sie für die Handelsschifffahrt vorgesehen sind, durchlaufen werden. Im Einzelfall entscheidet das Bundesamt für Seeschifffahrt und Hydrographie auf Antrag darüber, welche Seefahrtzeiten und Ausbildungen in welchem Umfang anerkannt werden können.

Schiffsbetriebstechnik

Dieser viersemestrige Aufbaustudiengang zum Diplom-Ingenieur für Schiffsbetriebstechnik eignet sich für ausgebildete Schiffsmechaniker ebenso wie für Quereinsteiger aus anderen Berufen. Immatrikulationsvoraussetzungen sind die Fachhochschulreife oder ein vergleichbarer Bildungsabschluss sowie das Befähigungszeugnis nach § 5 SchOffzAusbV für den technischen Schiffsdienst (siehe Kasten). Das Studium beinhaltet ein naturwissenschaftliches Grundstudium im 1. und 2. Semester sowie ein fachspezifisches Hauptstudium einschließlich Diplomarbeit im 3. und 4. Semester.

Praktische Ausbildung und Seefahrtzeiten zum Erwerb des technischen Befähigungszeugnisses gemäß SchOffzAusbV

- *Abschluss der Berufsausbildung zum Schiffsmechaniker und 6 Monate Seefahrtzeit als Schiffsmechaniker im Maschinendienst oder*
- *14-tägige Sicherheitsgrundausbildung und Unterweisung für Seeleute nach STCW-Code sowie Seediensttauglichkeit für den Maschinendienst und Ausbildungsabschluss in einem einschlägigen Metall- oder Elektroberuf und 12 Monate Seefahrtzeit als technischer Offiziersassistent im Maschinendienst oder*
- *14-tägige Sicherheitsgrundausbildung und Unterweisung für Seeleute nach STCW-Code sowie Seediensttauglichkeit für den Maschinendienst und 26 Wochen technisches Vorpraktikum in metallverarbeitenden Berufen und Seefahrtzeit von mindestens 12 Monaten.*

Marine Umweltwissenschaften

Vom Institut für Chemie und Biologie des Meeres (ICBM) der Uni Oldenburg wird dieser Aufbaustudiengang zum Master angeboten. Er baut auf dem Bachelor-Studiengang Umweltwissenschaften auf und dauert drei Semester. Ergänzungen und Vertiefungen auf dem Gebiet der marinen Umweltnaturwissenschaften erfolgen mit Blick auf ein forschungsbetontes Qualifikationsprofil, das dem des jetzigen Diplom-Studiengangs Marine Umweltwissenschaften weitgehend entspricht. Umweltwissenschaften bilden daher das Pflichtfach, das die wissenschaftliche Auseinandersetzung mit komplexen Systemen der Umwelt beinhaltet. Studierende müssen zudem individuelle Schwerpunkte in den drei Fachgebieten Biologie, Chemie/Geowissenschaften und

Physik/Mathematik setzen. Neben theoretischen Aspekten wird hier eine umfangreiche methodisch-praktische Ausbildung geboten. Spezielle Praktika führen in Forschungsgebiete oder Anwendungsfelder ein.

🌐 Info: www.icbm.de

Geo- und Ingenieurwissenschaften der Küste

In diesem Master-Studiengang, den die Uni Kiel anbietet, werden die verschiedenen Wechselbeziehungen zwischen atmosphärischen, maritimen und terrestrischen Prozessen in sensiblen und meist dicht besiedelten Küstenregionen behandelt. Wirtschaftliche Aktivitäten, soziale Bedürfnisse, Tourismus sowie die Nutzung von Ressourcen in den Küsten- und Meeresräumen machen darüber hinaus ein übergreifendes Küstenmanagement unter Einbeziehung von Naturschutz und Küstenschutz immer wichtiger. Zu den wichtigsten Zukunftsaufgaben wird es sowohl national wie international gehören, Zusammenhänge und Wechselwirkungen zwischen Mensch und Natur in den Küstengebieten zu verstehen, bereits aufgetretene, aber auch künftig zu erwartende Probleme fachkundig zu bewerten und adäquate Ansätze zu deren Lösung zu entwickeln. Hier liegen die Ziele des international ausgeschriebenen Masterstudiengangs an der Universität Kiel. Er ist ein dreisemestriger Studiengang und baut auf dem Grundstudium und zwei weiteren Fachsemestern eines geowissenschaftlichen, ozeanographischen oder ingenieurwissenschaftlichen Diplomstudiengangs oder auf dem entsprechend qualifizierten Abschluss modularer Studiengänge dieser Fachrichtung, insbesondere einem entsprechend qualifizierten Bachelor of Science, auf.

🌐 Info: www.zsb.uni-kiel.de

Biologische Ozeanographie

Biologen mit einem Bachelor oder vergleichbaren Leistungen können seit dem Wintersemester 2003 das internationale Diplom-Studienprogramm „Biologische Ozeanographie" der Uni Kiel nutzen. Das zweijährige Programm setzt den Bachelor in Biologie oder vergleichbare Leistungen voraus (Vordiplom und zwei Semester Hauptfachstudium). Die Studenten werden jeweils ein Semester in Kiel und ein Semester im süddänischen Odense studieren, eine einjährige Examensarbeit durchführen und das Studium mit dem Diplom in Kiel oder Master in Odense abschließen. Damit die Absolventen in der internationalen Forschung mithalten können, ist ein Praktikum in der maritim ausgerichteten Industrie oder Verwaltung Bestandteil des Programms.

Der Bedarf an Hochschulabsolventen mit einer Ausbildung in biologischer Ozeanographie in Kombination mit einem international ausgerichtetem Training besteht insbesondere dort, wo es um die verantwortliche Nutzung und das Management der Meeresumwelt geht. Weltmeere als größter, artenreichster Lebensraum der Erde bieten sowohl lebende als auch mineralische Ressourcen. Dennoch sind Flora und Fauna noch weitgehend unbekannt. Das internationale Studienangebot „Biologische Ozeanographie" wird vom Institut für Meereskunde (IFM) und GEOMAR, Forschungszentrum für marine Geowissenschaften, getragen.
Info: www.ifm.uni-kiel.de/fb/fb2/bi/bi-d.htm

Marine Geowissenschaft

Der international orientierte Studiengang Master of Science Marine Geosciences vermittelt fachliche Kenntnisse, Methoden und Fähigkeiten der Geowissenschaften mit dem Ziel, die Studierenden zur kritischen Einordnung wissenschaftlicher Erkenntnisse zu befähigen. Im Zentrum stehen forschungsnahe, meeresbezogene geowissenschaftliche Inhalte, die die Absolventen auf praxisnahes und wissenschaftliches Arbeiten in einer Fülle von Anwendungsfeldern vorbereiten.

Im ersten Studienjahr kann aus einem breit gefächerten Angebot ein individueller Schwerpunkt gebildet werden. Das dritte Semester beinhaltet eine zweimonatige Projektarbeit sowie ein Seminar zur Konzeption von Forschungsprojekten und der Präsentation von Ergebnissen. Für die Masterarbeit ist das vierte Semester vorgesehen. Abschluss des Studiums bildet eine mündliche Prüfung in Form eines Kolloquiums.
Info: www.geo.uni-bremen.de

Der maritime Trainingspilot

Um die Suche nach Weiterbildungsangeboten und vorgeschriebenen Pflichtkursen im Bereich der Seefahrt zu optimieren, hat das Maritime Kompetenzzentrum MARIKO.RIS ein speziell auf

Bildungsträger, Reedereien und Seeleute abgestimmtes Internetportal konzipiert. Gemeinsam mit dem Bundesamt für Schifffahrt und Hydrografie sowie privaten und öffentlichen Bildungsträgern wurde ein Datenbanksystem entwickelt, welches die Bildungsmöglichkeiten darstellt und sich dabei konsequent an die komplexen Vorgaben durch die Praxis hält.

Nach einer kostenlosen Registrierung erhalten die Anbieter ihre Zugangsdaten. Danach steht ein Managementsystem zur Verfügung, mit dem sich Kurse und Termine sowie die eigenen Kontaktdaten flexibel verwalten lassen. Anwender und Interessierte können über verschiedene kombinierbare Abfragen das Kursangebot kennen lernen und sich Angebote speziell nach Ihren Erfordernissen heraussuchen. Darüber hinaus bietet das Portal zahlreiche Zusatzinformationen über Ausbildungswege in der Seefahrt, Ausbildungsverordnungen, IMO-Modell-Kurse etc. Geplant ist die Einrichtung eines Login-Bereichs für Seeleute mit zusätzlichen Service-Funktionen, damit sie sich von Bord aus nach einer geeigneten Weiterbildungsmöglichkeit umsehen können.

≥) Info: www.trainingpilot.net

Adressen

Berufsbildungsstelle Seeschifffahrt e.V.

Breitenweg 57	Tel. 04 21 / 1 73 67-0	E-Mail info@berufsbildung-see.de
28195 Bremen	Fax 04 21 / 1 73 67-15	www.berufsbildung-see.de

Bundesamt für Seeschifffahrt und Hydrographie (BSH)

Bernhard-Nocht-Straße 78	Tel. 040 / 31 90-0	E-Mail posteingang@bsh.de
20359 Hamburg	Fax 040 / 31 90-50 00	www.bsh.de

Bundesanstalt für Gewässerkunde (BfG)

Postfach 200253	Tel. 02 61 / 13 06-0	E-Mail posteingang@bafg.de
56068 Koblenz	Fax 02 61 / 13 06-53 02	www.bafg.de

Bundesanstalt für Wasserbau (BAW)

Kußmaulstraße 17	Tel. 07 21 / 97 26-0	E-Mail info.karlsruhe@baw.de
76187 Karlsruhe	Fax 07 21 / 97 26-45 40	www.baw.de

Bundesforschungsanstalt für Fischerei

Palmaille 9	Tel. 040 / 3 89 05-0	E-Mail iud@bfa-fisch.de
22767 Hamburg	Fax 040 / 3 89 05-2 00	www.bfa-fisch.de

Bundesgrenzschutzamt See

Wieksbergstraße 54	Tel. 0 45 61 / 40 71-0	E-Mail bgsamt.see@bgs.bund.de
23730 Neustadt	Fax 0 46 61 / 1 64 47	www.bundesgrenzschutz.de/
		Orga/PNord/Aemter/See/
		index.php

Bundeslotsenkammer
Körperschaft des öffentlichen Rechts

Nikischstrasse 8	Tel. 040 / 8 90 34 35	E-Mail office@bundeslotsen-
22761 Hamburg	Fax 040 / 8 90 52 50	kammer.de
		www.bundeslotsenkammer.de

Bundesstelle für Seeunfalluntersuchung (BSU)

Bernhard-Nocht-Straße 78	Tel. 040 / 31 90-0	E-Mail posteingang-bsu@bsh.de
20359 Hamburg	Fax 040 / 31 90-83 40	www.bsu-bund.de

Bundesverband der deutschen Fischindustrie und des Fischgroßhandels e.V.

Große Elbstraße 133	Tel. 040 / 38 18 11	E-Mail info@fischverband.de
22767 Hamburg	Fax 040/ 38 98-5 54	www.fischverband.de

Bundesverband der See- und Hafenlotsen (BSHL)

Georgstraße 10	Tel. 04 71 / 2 50 26	E-Mail verband@bshl.de
27570 Bremerhaven	Fax 04 71 / 20 70 21	www.bshl.de

Bundesverband öffentlicher Binnenhäfen

Straße des 17. Juni 114	Tel. 030/ 39 80 28 70	E-Mail info-boeb@binnenhafen.de
10623 Berlin		www.binnenhafen.de

Deutsche Gesellschaft zur Rettung Schiffbrüchiger (DGzRS) Werderstr. 2

28199 Bremen	Tel. 04 21 / 5 37 07-0	E-Mail info@dgzrs.de
	Fax 04 21 / 5 37 07-6 90	www.dgzrs.de

DSLV Deutscher Speditions- und Logistikverband Deutschlands e.V.

Weberstraße 77	Tel. 02 28 / 9 14 40-27	E-Mail info@dslv.spediteure.de
53113 Bonn	Fax 02 28 / 9 14 40-00	www.spediteure.de

Fisch-Informationszentrum (FIZ) e.V.

Große Elbstraße 133	Tel. 040 / 3 89 25 97	E-Mail info@fischinfo.de
22767 Hamburg	Fax 040 / 3 89 85 54	www.fischinfo.de

Gesellschaft für maritime Technik e.V.

Bramfelder Straße 164	Tel. 040 / 23 93 57 69	E-Mail schwarz.gmt@t-online.de
22305 Hamburg		www.maritime-technik.de

Havariekommando

Am Alten Hafen 2	Tel. 0 47 21 / 5 67-4 00	E-Mail info@havariekommando.de
27472 Cuxhaven	Fax 0 47 21 / 5 67-3 64	www.havariekommando.de/
		Home/index.html

Personalamt der Bundeswehr

Kölner Straße 262	Tel. 0 22 03 / 1 05-26 50	E-Mail PersABwTeilinternet-
51149 Köln	Fax 0 22 03 / 1 05-19 40	redaktion@bundeswehr.org
		www.bundeswehr-karriere.de

See-Berufsgenossenschaft/Seekasse
Körperschaft des öffentlichen Rechts

Reimerstwiete 2	Tel. 040 / 3 61 37-0	E-Mail support@see-bg.de
20457 Hamburg	Fax 040 / 3 61 37-7 70	www.see-bg.de

Verband der Deutschen Binnenfischerei e.V.

Margaretenhof 5	Tel. 0 33 81 / 40 27 80	E-Mail info@vdbi.de
14774 Brandenburg	Fax 0 33 81 / 40 53 45	www.vdbi.de

Verband deutscher Kapitäne und Schiffsoffiziere e.V. (VDKS)

Palmaille 29	Tel. 040 / 38 49 81	E-Mail vdks.office@t-online.de
22767 Hamburg	Fax 040 / 3 89 21 14	und office@vdks.org
		www.vdks.org

Verband deutscher Maschinen- und Anlagenbau e.V.
Schiffbau- und Offshore-Zulieferindustrie

Sportallee 79	Tel. 040 / 50 72 07-0	E-Mail hauke.schlegel@vdma.org
22335 Hamburg		www.vdma.org (Link zu „Bran-
		chen" und „Schiffbau- und
		Offshore-Zulieferindustrie")

Verband Deutscher Reeder

Esplanade 6	Tel. 040 / 3 50 97-0	E-Mail info@reederverband.de
20354 Hamburg	Fax 040 / 3 50 97-2 11	www.reederverband.de

Verband für Schiffbau und Meerestechnik e.V.

An der Alster 1	Tel. 040/ 28 01 52-0	E-Mail info@vsm.de
20099 Hamburg		www.vsm.de

Zentrale Heuerstelle Hamburg (ZHH) bei der Arbeitsagentur Hamburg

Nagelsweg 9	Tel. 040 / 24 85-0	E- Mail hamburg.heuerstelle
20097 Hamburg	Fax 040 / 24 85-13 35	@arbeitsagentur.de
		www.arbeitsagentur.de

Zentralverband der deutschen Seehafenbetriebe e.V.

Am Sandtorkai 2	Tel. 040 / 36 62 03 + 04	E-Mail info@zds-seehaefen.de
20457 Hamburg		www.zds-seehaefen.de

Zentralverband Deutscher Schiffsmakler e.V.

Schopenstehl 15	Tel. 040 / 32 60 82	E-Mail info@schiffsmakler.de
20095 Hamburg	Fax 040 / 33 19 95	www.zvds.de oder
		www.schiffsmakler.de